# MARCELO BIELSA

## Allenare la fase di costruzione del gioco contro la pressione alta dell'avversario

SCRITTO DA
**ATHANASIOS TERZIS**

PUBBLICATO DA

# MARCELO BIELSA

## Allenare la fase di costruzione del gioco contro la pressione alta dell'avversario

**Prima edizione pubblicata da SoccerTutor.com in inglese: Giugno 2017**
**Pubblicato da Soccer Tutor in lingua italiana: Settembre 2018**

info@soccertutor.com | www.SoccerTutor.com
**UK:** 0208 1234 007 | **US:** (305) 767 4443 | **ROTW:** +44 208 1234 007
**ISBN:** 978-1-910491-23-2

**Copyright:** SoccerTutor.com Limited © 2017. All Rights Reserved. Tutti i diritti riservati. Nessuna parte di questa pubblicazione può essere riprodotta, memorizzata in un sistema esterno, o trasmessa in qualsiasi forma e con qualsiasi mezzo, elettronico, meccanico, in fotocopia, registrazione o altro, senza previa autorizzazione scritta del titolare del copyright. Né può essere fatta circolare in qualsiasi forma di rilegatura o copertina diversa da quella in cui è pubblicato e senza alcuna condizione simile, tra cui questa condizione, può essere imposto ad un successivo acquirente.

**Autore:**
Athanasios Terzis © 2017

**Tradotto da:**
Luca Bertolini - allenatore UEFA B
Creatore del sito lucamistercalcio.com / email: lucamistercalcio@gmail.com

**A cura di:**
Alex Fitzgerald - SoccerTutor.com

**Copertina ideata da:**
Alex Macrides, Think Out Of The Box Ltd. Email: design@thinkootb.com Tel: +44 (0) 208 144 3550

**Immagini:**
Immagini create da SoccerTutor.com. Tutte le immagini di questo libro sono state create con SoccerTutor.com Tactics Manager Software disponibile su www.SoccerTutor.com

**Nota:** Sebbene sia stato fatto ogni sforzo per assicurare l'accuratezza tecnica del contenuto di questo libro, né l'autore, né gli editori possono accettare alcuna responsabilità per eventuali danni o perdite subite a seguito dell'utilizzo di questo materiale.

# SOMMARIO

Informazioni sull'autore .................................................................7
Marcelo Bielsa: il profilo ..................................................................8
L'influenza di Marcelo Bielsa sui migliori allenatori.............................................9
Il Marcelo Bielsa "tattico" ................................................................10
La filosofia offensiva di Marcelo Bielsa .....................................................12

## COSTRUIRE GIOCO CONTRO LA PRESSIONE ALTA DELL'AVVERSARIO ....13

Costruire gioco contro la pressione alta dell'avversario ........................................14
I requisiti per la costruzione del gioco dal basso .............................................15
Organizzazione delle sessioni ............................................................16
Legenda ..............................................................................16

### CAPITOLO 1: LA COSTRUZIONE DEL GIOCO DAL BASSO CONTRO 2 ATTACCANTI........17

Scaglionamento per la costruzione del gioco contro 2 attaccanti ................................18
STEP 1: creare un'opzione di passaggio disponibile per il portiere contro 2 attaccanti.................19
1a) Creare e adattare una situazione 3 contro 2, nel primo terzo di campo, con il sistema di gioco 3-3-3-1 .......20
1b) Creare e adattare una situazione 3 contro 2, nel primo terzo di campo, con il sistema di gioco più difensivo 3-4-3 ..................................................................................22
STEP 2: muovere palla verso un giocatore libero (oppure "obiettivo") contro 2 attaccanti .............23
2a) Chi è il giocatore obiettivo?...........................................................23
2b) Muovere palla verso il "giocatore obiettivo" oppure verso il "giocatore libero" ..................26
2c) Costruire e attaccare quando i 2 attaccanti avversari forzano la direzione del gioco verso il centro.........28

### SESSIONE 1: COSTRUIRE GIOCO E ATTACCARE NEGLI SPAZI CENTRALI ........................33

*SESSIONE DI ALLENAMENTO PER QUESTA SITUAZIONE TATTICA* (3 Esercitazioni)

1. Lettura della situazione di gioco, in fase di costruzione, per trasmettere palla correttamente negli spazi centrali .34
2. Esercitazione funzionale alla lettura della situazione di gioco, in fase di costruzione, negli spazi centrali.......36
3. Esercitazione a zone per la lettura della situazione di gioco, in fase di costruzione, negli spazi centrali .......37

### CAPITOLO 2: MUOVERE PALLA VERSO UN GIOCATORE "OBIETTIVO" SUL LATO DEBOLE ..38

Muovere palla verso un giocatore "obiettivo" sul lato debole ...................................39
Opzione 1: trasmettere palla indietro al portiere, come giocatore di collegamento, per cambiare lato ..........40
Opzione 2: se la linea di passaggio indietro verso il portiere viene chiusa, è possibile trasmettere palla verso l'interno 41

Opzione 3: utilizzare il centrocampista centrale per cambiare lato, dopo una rapida combinazione di gioco . . . . . 42

Opzione 4: se le linee di passaggio indietro al portiere o verso l'interno sono chiuse, il laterale basso diventa il giocatore di collegamento per cambiare il lato . . . . . . . . . . . . . . . . . . . . . . . . . . . . . . . . . . . . . . . . . . . . . . . . . 43

### SESSIONE 2: GIOCARE SOTTO PRESSIONE SUL LATO FORTE E CAMBIARE LATO CONTRO 2 ATTACCANTI . . . 44

*SESSIONE DI ALLENAMENTO PER QUESTA SITUAZIONE TATTICA* (2 Esercitazioni)

1. Flussi di gioco per la costruzione e il cambio di lato contro 2 attaccanti . . . . . . . . . . . . . . . . . . . . . . . . . . . . . 45

2. Esercitazione 8 (+portiere) contro 6, per giocare sotto pressione, sul lato forte, contro 2 attaccanti e cambiare lato . . . . . . . . . . . . . . . . . . . . . . . . . . . . . . . . . . . . . . . . . . . . . . . . . . . . . . . . . . . . . . . . . . . . . . . . . . . . . . . . . . . . 46

### SESSIONE 3: CAMBIARE GIOCO CONTRO 2 ATTACCANTI E SFRUTTARE IL VANTAGGIO SUL LATO DEBOLE . 47

*SESSIONE DI ALLENAMENTO PER QUESTA SITUAZIONE TATTICA* (4 Esercitazioni)

1. Flussi di gioco per costruzione e cambio di lato contro 2 attaccanti e combinazioni offensive sul lato debole. . 48

2. Esercitazione funzionale al cambio di gioco, contro 2 attaccanti, per sfruttare una situazione di vantaggio sul lato debole . . . . . . . . . . . . . . . . . . . . . . . . . . . . . . . . . . . . . . . . . . . . . . . . . . . . . . . . . . . . . . . . . . . . . . . . . . . . . 50

3. Gioco funzionale al cambio di lato, contro 2 attaccanti, per sfruttare una situazione di vantaggio sul lato debole . . . . . . . . . . . . . . . . . . . . . . . . . . . . . . . . . . . . . . . . . . . . . . . . . . . . . . . . . . . . . . . . . . . . . . . . . . . . . . . . . . . 52

4. Partita 11 contro 11 a zone per cambiare gioco, contro 2 attaccanti, e sfruttare una situazione di vantaggio sul lato debole . . . . . . . . . . . . . . . . . . . . . . . . . . . . . . . . . . . . . . . . . . . . . . . . . . . . . . . . . . . . . . . . . . . . . . . . . . . . . 53

## CAPITOLO 3: LA COSTRUZIONE DEL GIOCO DAL BASSO CONTRO 1 ATTACCANTE . . . . . . 54

Scaglionamento per la costruzione di gioco contro 1 attaccante . . . . . . . . . . . . . . . . . . . . . . . . . . . . . . . . . . . . . 55

STEP 1: creare un'opzione di passaggio per il portiere contro 1 attaccante . . . . . . . . . . . . . . . . . . . . . . . . . . . . . 57

STEP 2: muovere palla verso un giocatore libero, oppure "obiettivo", contro 1 attaccante . . . . . . . . . . . . . . . . . 58

### SESSIONE 4: GIOCARE SOTTO PRESSIONE SUL LATO FORTE E CAMBIARE LATO CONTRO 1 ATTACCANTE. . . . 62

*SESSIONE DI ALLENAMENTO PER QUESTA SITUAZIONE TATTICA* (2 Esercitazioni)

1. Flussi di gioco per costruzione e cambio di lato contro 1 attaccante . . . . . . . . . . . . . . . . . . . . . . . . . . . . . . . 63

2. Esercitazione 8 (+portiere) contro 6, per giocare sotto pressione di 1 attaccante sul lato forte e cambiare lato. 64

### SESSIONE 5: CAMBIARE GIOCO CONTRO 1 ATTACCANTE E SFRUTTARE UNA SITUAZIONE DI VANTAGGIO SUL LATO DEBOLE . . . . . . . . . . . . . . . . . . . . . . . . . . . . . . . . . . . . . . . . . . . . . . . . . . . . . . . . . . . . . . . . . . . . . . . . . 65

*SESSIONE DI ALLENAMENTO PER QUESTA SITUAZIONE TATTICA* (4 Esercitazioni)

1. Flussi di gioco per la costruzione di gioco, il cambio di lato contro 1 attaccante e combinazioni offensive. . . . . 66

2. Esercitazione funzionale al cambio di gioco contro 1 attaccante per sfruttare una situazione di vantaggio sul lato debole. . . . . . . . . . . . . . . . . . . . . . . . . . . . . . . . . . . . . . . . . . . . . . . . . . . . . . . . . . . . . . . . . . . . . . . . . . . . . . . 68

3. Gioco funzionale al cambio di lato, contro 1 attaccante, per sfruttare una situazione di vantaggio sul lato debole. . . . . . . . . . . . . . . . . . . . . . . . . . . . . . . . . . . . . . . . . . . . . . . . . . . . . . . . . . . . . . . . . . . . . . . . . . . . . . . . . . . 70

4. Partita 11 contro 11 a zone, per cambio gioco contro 1 attaccante e sfruttamento di una situazione di vantaggio sul lato debole . . . . . . . . . . . . . . . . . . . . . . . . . . . . . . . . . . . . . . . . . . . . . . . . . . . . . . . . . . . . . . . . . . . 71

## CAPITOLO 4: CREARE E SFRUTTARE SITUAZIONI 3 CONTRO 2 VICINO ALLA LINEA LATERALE .................................................................................................................72

STEP 3: creare superiorità numerica vicino alla linea laterale ........................................73

STEP 4: sfruttare la superiorità numerica ........................................................75

Opzione 1a: trasmissione palla diretta verso il laterale basso smarcato, vicino alla linea laterale .................75

Opzione 1b: sfruttare una situazione 2 contro 1 attraverso il movimento dell'esterno alto, alle spalle del laterale basso. ..........................................................................................76

Opzione 1c: l'esterno alto sfrutta lo spazio creato al centro, attraverso il movimento in ampiezza dell'attaccante 77

Opzione 2: combinazioni di gioco veloci per muovere palla verso il laterale basso smarcato, quando la linea di passaggio diretta viene chiusa. ..........................................................78

Opzione 3: l'esterno alto riesce a ricevere nello spazio e a girarsi, avendo 2 opzioni di passaggio ...............79

Opzione 4: sfruttare lo spazio alle spalle del laterale basso avversario, mentre agisce in marcatura contro l'esterno alto. ................................................................................................80

### SESSIONE 6: CREARE E SFRUTTARE SITUAZIONI 3 CONTRO 2 VICINO ALLA LINEA LATERALE ..............81

*SESSIONE DI ALLENAMENTO PER QUESTA SITUAZIONE TATTICA* (8 Esercitazioni)

1. Muoversi lungo una linea di passaggio attraverso rapide combinazioni di gioco (senza avversari). ...........82

2. Movimenti sincronizzati e combinazioni di gioco tra il laterale basso e l'esterno alto (senza avversari). .......83

3. Movimenti sincronizzati e combinazioni di gioco tra il laterale basso e l'esterno alto (con avversari). ........84

4. Trasmettere palla al giocatore libero in una situazione di gioco 3 contro 1, vicino alla linea laterale ..........85

5. Trasmettere palla al giocatore libero, in una situazione di gioco 3 contro 2, vicino alla linea laterale .........86

6. Esercitazione funzionale per creare e sfruttare superiorità numerica 3 contro 2 vicino alla linea laterale .....87

7. Partita 11 contro 10 per creare e sfruttare la superiorità numerica 3 contro 2 vicino alla linea laterale .......88

8. Partita 11 contro 11 per creare e sfruttare la superiorità numerica 3 contro 2 vicino alla linea laterale .......89

## CAPITOLO 5: SOLUZIONI OFFENSIVE IN UNA SITUAZIONE 3 CONTRO 3 VICINO ALLA LINEA LATERALE ..........................................................................................90

Soluzioni offensive in una situazione 3 contro 3 vicino alla linea laterale (contro 2 attaccanti) ................91

Soluzioni offensive in una situazione 3 contro 3 vicino alla linea laterale (contro 1 attaccante) ................94

### SESSIONE 7: SOLUZIONI OFFENSIVE PER RISOLVERE LA SITUAZIONE 3 CONTRO 3 VICINO ALLA LINEA LATERALE ..........................................................................................96

*SESSIONE DI ALLENAMENTO PER QUESTA SITUAZIONE TATTICA* (4 Esercitazioni)

1. Combinazioni rapide per cambiare gioco verso i laterali bassi nello spazio (esercitazione tecnica) ..........97

2. Soluzioni offensive per risolvere la situazione 3 contro 3 vicino alla linea laterale (gioco a zone contro 2 attaccanti) ..........................................................................................98

3. Soluzioni offensive per risolvere la situazione 3 contro 3 vicino alla linea laterale (gioco a zone contro 1 attaccante) ..........................................................................................99

4. Soluzioni offensive per risolvere la situazione di 3 contro 3 vicino alla linea laterale (gioco a zone 11 contro 11) 100

## CAPITOLO 6: CREARE E SFRUTTARE LO SPAZIO IN UNA SITUAZIONE 4 CONTRO 3 (OPPURE 4 CONTRO 4) IN ZONA PALLA ........................................................... 101

Creare e sfruttare lo spazio in una situazione 4 contro 3 (oppure 4 contro 4) in zona palla ..................... 102

### SESSIONE 8: CREARE E SFRUTTARE LO SPAZIO IN UNA SITUAZIONE 4 CONTRO 3 (OPPURE 4 CONTRO 4) INTORNO ALLA PALLA ........................................................................................................ 104

*SESSIONE DI ALLENAMENTO PER QUESTA SITUAZIONE TATTICA* (4 Esercitazioni)

1. Esercitazione tecnica per creare e sfruttare lo spazio alle spalle e tra le linee ............................... 105

2. Esercitazione a zone per creare e sfruttare spazi in una situazione 4 contro 3 oppure 4 contro 4 ............ 106

3. Gioco a zone per creare e sfruttare spazi in una situazione 4 contro 3 oppure 4 contro 4 vicino alla linea laterale ........................................................................................................................ 108

4. Partita 11 contro 11 per creare e sfruttare spazi, in una situazione 4 contro 3 oppure 4 contro 4, vicino alla linea laterale ................................................................................................................. 110

## CAPITOLO 7: LA COSTRUZIONE DEL GIOCO CONTRO IL PRESSING ULTRA-OFFENSIVO 111

La costruzione del gioco contro il pressing ultra-offensivo ................................................. 112

### SESSIONE 9: LA COSTRUZIONE DEL GIOCO CONTRO IL PRESSING ULTRA-OFFENSIVO ..................... 116

*SESSIONE DI ALLENAMENTO PER QUESTA SITUAZIONE TATTICA* (3 Esercitazioni)

1. Combinazioni di gioco rapide per superare il pressing ultra-offensivo e ricevere alle spalle del difendente .. 117

2. Gioco 8 (+portiere) contro 8 per il superamento del pressing ultra-offensivo su un lato del campo .......... 118

3. Gioco a zone 11 contro 11 per il superamento del pressing ultra-offensivo ................................. 120

# INFORMAZIONI SULL'AUTORE

- Allenatore con licenza UEFA 'A'
- Certificazione M.S.C. da allenatore e preparatore

Ho giocato per diverse squadre in campionati professionistici greci. All'età di 29 ho smesso di giocare e ho concentrato il mio interesse sullo studio del calcio. Sono stato capo allenatore di diverse squadre di calcio semiprofessionistiche in Grecia e ho lavorato come direttore tecnico nelle Accademie DOXA Dramas (campionato di 2° divisione).

Ho scritto e pubblicato due libri "L'applicazione del sistema di gioco 1-4-3-3" e "L'applicazione del sistema di gioco 1-4-4-2 con il centrocampo a rombo" (libera traduzione degli originali; edizioni non esistenti in lingua italiana). Ho poi deciso di lavorare a contenuti più specifici per dare un'idea agli allenatori su come i top teams applicano i sistemi i gioco. Ho pubblicato altri 2 volumi di grande successo con SoccerTutor.com Ltd, che hanno venduto migliaia di copie in tutto il mondo:

- *Gli allenamenti del Barcellona Fc (edizione in lingua italiana)*
- *FC Barcelona: A Tactical Analysis*
- *Jose Mourinho's Real Madrid: A Tactical Analysis*
- *Jürgen Klopp's Attacking and Defending Tactics*
- *Coaching the Juventus 3-5-2*

Sono stato invitato come relatore a molti seminari ed eventi nel mondo.

Ho scritto questo libro dopo aver studiato la filosofia di gioco di Marcelo Bielsa, in particolare, durante le stagioni a Marsiglia e con l'Athletic Bilbao. L'obiettivo del libro è utilizzare le innovative idee tattiche di Bielsa per creare una guida completa sulla costruzione di gioco efficace, contro avversari che portano pressione alta sul campo. Il focus di tutte le analisi e le proposte è sulla costruzione di gioco dal portiere e su uno stile di calcio propositivo. Quello stile che ha portato al successo Bielsa, ma non solo, avendo inspirato molti allenatori, tra i top, come Pep Guardiola, Mauricio Pochettino, Gerardo Martino e Jorge Sampaoli. L'eredità di Bielsa si trova ovunque e nel profondo del calcio.

Nel libro sono analizzate sia la filosofia di gioco con situazioni tattiche generali, sia situazioni specifiche come:

- *Gestire il possesso sotto pressione sul lato forte e cambiare gioco*
- *Creare e sfruttare situazioni 3 contro 2 vicino alla linea laterale*
- *Costruire gioco contro il pressing ultra-offensivo*

Queste esercitazioni vengono utilizzate per superare l'organizzazione difensiva degli avversari, con 1 oppure 2 attaccanti (il 4-4-2 e il 4-2-3-1 sono i sistemi utilizzati come esempio), che portano pressione alta per contrastare la costruzione di gioco. Ogni capitolo contiene un'analisi specifica per la situazione tattica, creata dai principi di gioco di Marcelo Bielsa, a cui segue una sessione di allenamento completa e sempre adattabile.

*Athanasios Terzis*

# MARCELO BIELSA: IL PROFILO

### MARCELO BIELSA

**Carriera**

- Leeds United (Present)
- Lille OSC (2017)
- Marseille (2014 - 2015)
- Athletic Bilbao (2011 - 2013)
- Commissario Tecnico Cile (2007 - 2010)
- Commissario Tecnico Argentina (1998 - 2005)
- Vélez Sársfield (Argentina) (1997 - 1998)
- América (Mexico) (1995 - 1996)
- Atlas (Mexico) (1993 - 1995)
- Newell's Old Boys (Argentina) (1990 - 1993)

**Palmares**

- Prima Divisione Argentina (1991, 1992 & 1998)
- Medaglia d'oro olimpica (2004)
- Finalista di Coppa America (2004)
- Finalista di Uefa Europa League (2012)
- Finalista di Coppa del Re (2012)
- Finalista di Coppa Libertadores (1992)

Marcelo Bielsa ha giocato per la squadra della propria città, il Newell's Old Boys, nella Primera División Argentina. La sua carriera da giocatore si è conclusa a venticinque anni nel 1980, quando ha deciso di dedicarsi all'attività di allenatore. Ha lavorato per il Newell's Old Boys come scout e come assistente allenatore, fino alla nomina di primo allenatore nel 1990. Nel club era talmente ammirato, a quel tempo, da meritare la dedica dello stadio: "Estadio Marcelo Bielsa". Prima di lasciare il Newell's Old Boys nel 1993, Bielsa ha vinto 2 campionati ed è stato finalista di Coppa Libertadores, nel 1992, uscendo sconfitto ai calci di rigore, contro la squadra brasiliana del San Paolo. Ha poi "affascinato" in Messico e di nuovo in Argentina con il Vélez Sársfield, prima di gestire la nazionale del proprio paese.

Nel periodo come C.T. dell'Argentina, Bielsa ha avuto successo e lo stile di gioco è stato ammirato da molti. Nel 2004, ha vinto la medaglia d'oro nel torneo olimpico ed ha raggiunto la finale di Coppa America. Il successo è continuato, a livello internazionale, con il Cile, grazie alla qualificazione per la Coppa del Mondo del 2010, in Sud Africa e al passaggio delle fasi a gironi; la nazionale cilena è uscita sconfitta dal Brasile, negli ottavi di finale. Gli anni come C.T. di Argentina e Cile, sono proprio quelli in cui il mondo del calcio, a livello internazionale, si è davvero "svegliato", grazie alle sue innovazioni tattiche e all'eccitante stile offensivo proposto dalle due nazionali.

Bielsa è poi tornato ad allenare squadre di club, lavorando per l'Athletic Bilbao in Spagna. Nella sua prima stagione, ha guidato la squadra alla finale di Europa League e di Coppa del Re. E' poi subentrato a Marsiglia, elogiato per lo stile di gioco della squadra con il quarto posto nella Ligue 1 francese nella prima stagione. Si è dimesso subito dopo, a causa della vendita, da parte del club, di molti top players, contro le sue indicazioni.

Dopo una sola stagione come allenatore del Lille OSC in Francia, è diventato Head Coach del Leeds United, che milita nella Championship (B inglese), dove continuerà ad eccitare con il suo stile propositivo e aggressivo, costruendo sempre il gioco dal basso.

# L'INFLUENZA DI MARCELO BIELSA SUI MIGLIORI ALLENATORI

### Mauricio Pochettino

"E' uno dei migliori allenatori del mondo."

"Non c'è nessun dubbio sul fatto che mi abbia influenzato. Mi ha aiutato a maturare agli inizi della mia carriera al Newell's, in nazionale, e continua ad aiutarmi in quella da allenatore."

### Jorge Sampaoli

"Noi siamo seguaci di Bielsa e del modo in cui affronta il gioco, ma i paragoni non hanno senso, perché stiamo parlando di uno dei migliori."

"La gente pensa che assumendo uno di noi, stanno firmando un contratto con un clone di Bielsa, ma Marcelo è unico nel suo genere."

### Gerardo Martino

"Sono da sempre un fan di Bielsa; lui stava iniziando la carriera da allenatore, quando la mia da giocatore volgeva al termine."

"Ammiro molto la sua personalità ed è un grande orgoglio essere paragonato a lui."

### Pep Guardiola

"La mia ammirazione per Marcelo Bielsa è immensa, perché rende i propri giocatori migliori, e di molto."

"Non ho ancora trovato un ragazzo, o un ex giocatore di Marcelo Bielsa, che mi abbia parlato male di lui. Gli sono tutti grati per l'influenza che ha avuto nelle loro carriere da giocatori."

"Mi ha aiutato molto con i suoi consigli. Ogni volta che abbiamo parlato, ho sempre sentito la sua voglia di aiutarmi."

"Per me è importante dire questo di Marcelo: non importa quanti titoli abbia vinto in carriera. Siamo giudicati dal successo, da quanti titoli abbiamo vinto. Ma resta tutto meno importante, di quanto abbia saputo influenzare il calcio e i propri giocatori."

"Ecco perché, secondo me, lui è il miglior allenatore al mondo. Sto aspettando di vederlo al Lille, la prossima stagione. Sono abbastanza sicuro che la sua influenza sulla squadra, sul club e sui giocatori sarà incredibilmente grande.

### Marcelo Bielsa Le Citazioni

"Un uomo con idee innovative è un pazzo fino a quando trionfa."

"Concettualmente, per me, tutte le partite sono uguali; vanno dominate e c'è da giocarsi tutto il possibile. Tutto il resto non è coincidente con le mie idee."

"Non ci sono scuse per non andare fuori a vincere. Mi sento obbligato a farlo ad ogni partita."

"Il calcio offensivo è la via più' semplice per vincere ed avere successo; ecco perché giochiamo un calcio aperto e offensivo."

"Dico sempre ai miei ragazzi che il calcio è movimento, scaglionamento, che dobbiamo correre sempre."

# IL MARCELO BIELSA "TATTICO"

## L'innovativo schieramento 3-3-3-1 per la costruzione di gioco dal basso

Marcelo Bielsa ha da sempre proposto, soprattutto, il 4-2-3-1, come schieramento di base in campo; tuttavia, le sue squadre adattano sempre il proprio scaglionamento, seguendo la fase o situazione di gioco in cui si trovano. Bielsa utilizza il proprio "marchio di fabbrica", per la costruzione di gioco dal basso, scaglionando la squadra in una formazione 3-3-3-1 molto aggressiva, soprattutto contro due attaccanti avversari, per superare la pressione nel miglior modo possibile. Bielsa ha proposto questo sistema 3-3-3-1 con Argentina, Cile, Athletic Bilbao e Marsiglia. In situazioni di maggiore densità a centrocampo, contro avversari che giocano con un attaccante e un "numero 10", le sue squadre si adattano, solitamente, a una formazione 3-4-3 più difensiva, con un giocatore in più al centro, che partecipa alla costruzione del gioco.

### Lo scaglionamento 3-3-3-1 del Marsiglia, per la costruzione di gioco dal basso, contro 2 attaccanti (adattamento dal 4-2-3-1)

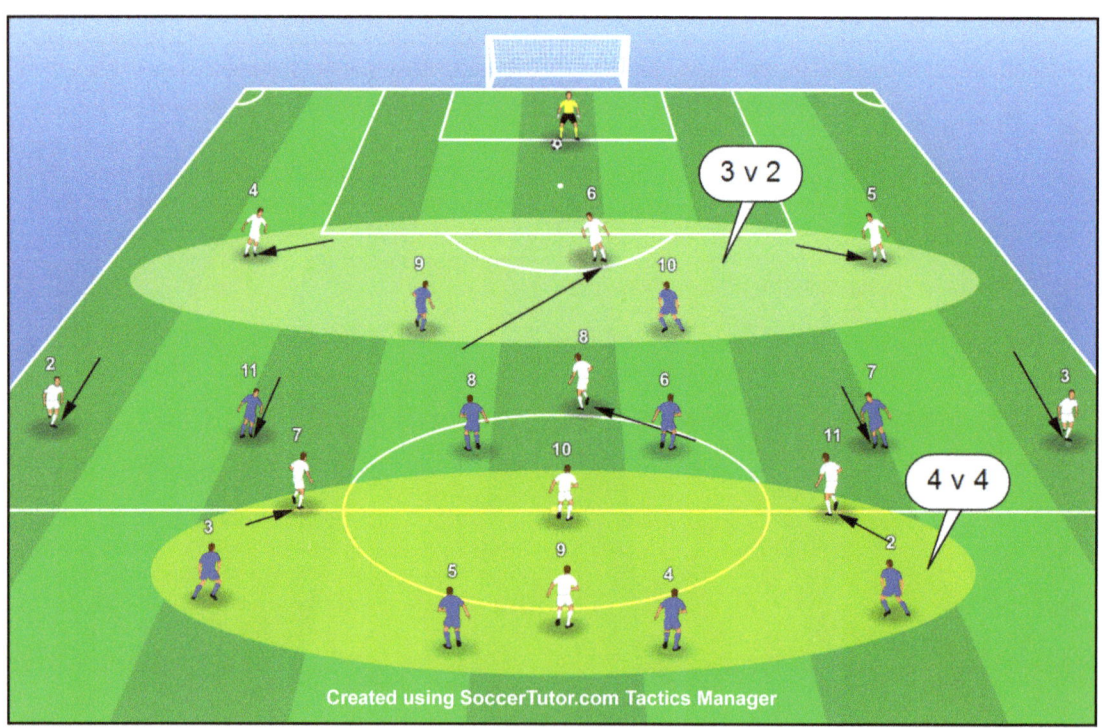

Questa formazione 3-3-3-1 consente, alle squadre di Marcelo Bielsa, la creazione di superiorità numerica, 3 contro 2, in fase di costruzione dal basso e vicino alle linee laterali, e di parità numerica 4 contro 4 in fase offensiva.

Uno dei centrocampisti centrali (6) si porta nel mezzo di quella che diventa una linea a 3 giocatori. Entrambi i difensori centrali (4 e 5) si muovono in ampiezza, per ricevere un potenziale passaggio dal portiere e i laterali bassi si spingono in avanti, portandosi in linea con l'altro centrocampista centrale (8).

## Cosa richiede Marcelo Bielsa ai propri giocatori in fase di costruzione dal basso

**Portiere:** deve avere un buon livello tecnico per ricevere e far circolare la palla con trasmissioni precise. Deve sempre essere ben posizionato, come angolazione, per ricevere un passaggio indietro.

**Centrocampisti centrali:** devono restare in zona palla ed essere un'opzione di passaggio per il compagno in possesso. Devono saper giocare bene di prima intenzione, come "elemento di collegamento", oppure cambiare gioco con palle lunghe precise.

**Difensori centrali:** questi giocatori devono possedere un alto livello tecnico, per potere ricevere e trasmettere su tutto il campo dal primo terzo, superando la pressione avversaria.

**Centrocampisti avanzati:** devono sempre cercare di muoversi lungo le linee di passaggio disponibili e agire come un "giocatori di collegamento".

**Laterali bassi:** devono portarsi verso posizioni avanzate. Sono vitali, per Bielsa, nella costruzione del gioco dal basso, in quanto spesso smarcati parte di molte azioni offensive.

**Attaccante:** mentre la squadra sta costruendo, l'attaccante dovrebbe spostarsi sul lato forte, in superiorità numerica, in modo che lo spazio tra le linee possa essere sfruttato in caso di superamento della pressione avversaria.

## Il metodo Marcelo Bielsa

La formazione 3-3-3-1 permette la creazione di superiorità numerica, in specifiche zone del campo, per superare la pressione avversaria e quindi creare situazioni offensive 4 c 3, 4 c 4, 5 c 4 ecc. Le chiavi tattiche di Bielsa sono il movimento, le rotazioni e le rapide combinazioni di gioco. I giocatori devono lavorare intensamente per muovere palla verso il giocatore libero e smarcato, creando linee di passaggio disponibili per avanzare sul campo. Quando Bielsa non ha potuto disporre di difensori con un alto livello tecnico, ha utilizzato centrocampisti in ruoli difensivi, per assicurare alla squadra la possibilità di costruire dal basso anche sotto pressione. Le sue idee tattiche uniche e lo stile di gioco così attraente hanno influenzato il gioco del calcio, ben oltre i successi personali. Ha regalato nozioni e influenzato tutti i giocatori e allenatori con cui ha lavorato, e non; idee ed elementi che sono stati poi implementati, all'interno di altre metodologie di allenamento e nella creazione di varie squadre.
Tra gli allenatori figurano Pep Guardiola (Barcellona, Bayern Monaco e Manchester City), Mauricio Pochettino (Espanyol, Southampton e Tottenham Hotspur), Gerardo Martino (Barcellona e Argentina) e Jorge Sampaoli (Cile e Siviglia). Marcelo Bielsa è uno studioso del gioco ed è noto per analizzare ore e ore di filmati per scovare nuovi concetti. Si dice che non abbia eguali nel suo lavoro e nelle conoscenze tattiche; questo è ciò che lo fa evolvere di continuo, poiché crede che il gioco stia cambiando, e quindi tattica e stile possono sempre essere migliorati. Crea video per singoli giocatori e ama intrattenere lunghe discussioni con ognuno di loro, parlando di ruoli e responsabilità precisi, in tutte le diverse situazioni di gioco. Per la fase di costruzione, Bielsa si concentra sulla creazione di spazio, muovendo gli avversari e sincronizzando i movimenti per la ricezione o per il posizionamento di un giocatore di collegamento. Queste idee vengono quindi applicate sul campo, in allenamento e ogni combinazione e flusso di gioco vengono ripetutamente provati. Ogni passaggio e movimento sono parte di una determinata fase, e ripetuti più e più volte, fino a quando i giocatori non sono in grado di eseguire tutto alla perfezione. Questo è il motivo per cui, guardando le sue squadre (alcune analisi vengono mostrate più avanti nel libro) si osservano gli stessi schemi e flussi di gioco, e sono spesso riconoscibili. Flussi e fasi di gioco sono presentati dettagliatamente nel libro, insieme a sessioni di allenamento complete, perché la vostra squadra possa essere allenata nella costruzione di gioco contro avversari che portano pressione alta, nello stesso modo.

# LA FILOSOFIA OFFENSIVA DI MARCELO BIELSA

Marcelo Bielsa è famoso per la propria filosofia di gioco basata sulla costruzione dal basso, anche contro squadre che pressano alto sul campo.

Affinché una squadra riesca a costruire il gioco dal portiere con successo, sono necessari difensori abili tecnicamente; quando Bielsa non ha potuto disporre di difensori con un alto livello tecnico, ha sempre impiegato centrocampisti nei ruoli di difesa, per assicurare alla squadra le migliori possibilità di costruzione dal basso anche sotto pressione.

## La filosofia offensiva Marcelo Bielsa

La filosofia di gioco di Marcelo Bielsa include:

- Alternare trasmissioni palla corte e lunghe.
- Muovere palla verso un giocatore smarcato attraverso 'quelli di collegamento'.
- Portare fuori posizione gli avversari.
- Allungare in verticale e aprire in ampiezza le linee avversarie e sfruttare gli spazi creati.

## Obiettivo principale

Il primo obiettivo di Marcelo Bielsa, in fase di costruzione dal basso, è creare un'opzione di passaggio disponibile per il portiere; e per farlo contro una squadra in pressione alta con 2 attaccanti, lo scaglionamento della squadra si modifica dal 4-2-3-1 al 3-3-3-1 (opzione più offensiva) oppure al 3-4-3 (opzione più difensiva). In fase di costruzione, contro squadre in pressione con 1 attaccante, le squadre di Bielsa attaccano con il 4-2-3-1; un centrocampista centrale spesso arretra, se la squadra vuole cambiare lato di gioco.

## Obiettivo secondario

Il secondo obiettivo è legato al posizionamento difensivo dell'avversario:

- Se la palla viene giocata vicino alle linee laterali, le squadre di Bielsa tentano di creare e sfruttare superiorità numerica 3 contro 2 lungo quella fascia.
- Se la direzione di gioco viene forzata verso il centro, i giocatori tendono a ricevere palla tra le linee o nello spazio disponibile creato.

Le strategie di contrasto al rapido spostamento verso la linea laterale, la reazione alla creazione di una situazione 3 contro 3 vicino alla linea stessa da parte degli avversari e come costruire gioco sotto la pressione ultra-offensiva, sono altri argomenti trattati in questo libro. 6 sono i temi principali e 7 le sessioni di allenamento complete, sulla base dei principi di gioco di Marcelo Bielsa:

- **CAPITOLO 1:** La costruzione di gioco dal basso contro 2 attaccanti
- **CAPITOLO 2:** Muovere palla verso un giocatore "obiettivo" sul lato debole
- **CAPITOLO 3:** La costruzione di gioco dal basso contro 1 attaccante
- **CAPITOLO 4:** Creare e sfruttare situazioni 3 contro 2 vicino alla linea laterale
- **CAPITOLO 5:** Soluzioni offensive in una situazione 3 contro 3 vicino alla linea laterale
- **CAPITOLO 6:** Creazione e sfruttamento dello spazio in un 4 contro 3 (o 4 contro 4) vicino alla palla
- **CAPITOLO 7:** Costruzione di gioco contro il pressing ultra-offensivo

# COSTRUIRE GIOCO CONTRO LA PRESSIONE ALTA DELL'AVVERSARIO

# COSTRUIRE GIOCO CONTRO LA PRESSIONE ALTA DELL'AVVERSARIO

In primo luogo, credo che la fase offensiva inizi quando la squadra è in possesso palla, anche del portiere. Quando la squadra difendente cerca di conquistare il possesso palla il più in alto possibile sul campo, allora la pressione sui portatori sarà elevata. Se l'obiettivo della squadra attaccante è proporre un modello di gioco basato sul possesso, probabilmente la fase di costruzione parte dal basso e dal portiere.

## Cosa significa costruire gioco dal basso?

La costruzione di gioco dal basso rappresenta il tentativo della squadra in possesso di muovere la palla dal portiere verso un giocatore in posizione più avanzata, con tempo e spazio a disposizione per trasmettere ai compagni in avanti, con successo e con buone possibilità di creare un'opportunità, per segnare una rete.

Durante l'ultimo decennio, tempo e spazi disponibili per la squadra in fase offensiva si sono significativamente ridotti. Questo costringe i tecnici ad allenare i giocatori in condizioni di spazio e tempo limitati, perché si possano adattare alle situazioni di gioco che troveranno in partita. La tecnica individuale dei giocatori è quindi migliorata in modo significativo, dovendosi adattare a questo tipo di pressione e di spazi ristretti.

Inoltre, durante questo periodo, sono state sviluppate anche nuove idee tattiche. Gli allenatori hanno preso ispirazione da idee di gioco della pallacanestro e hanno provato ad applicarle sul campo da calcio; come trovare il giocatore libero, in fase di superiorità numerica, in una determinata parte del campo, per esempio. Molti allenatori hanno allora deciso di iniziare la fase offensiva, costruendo gioco dal basso.

## L'inizio della fase offensiva contro 1 o 2 attaccanti

In questo libro la squadra difendente si schiera con il 4-4-2 (2 attaccanti) o con il 4-2-3-1 (1 attaccante), due delle formazioni più utilizzate dagli allenatori durante l'ultimo decennio.

I due schieramenti hanno molte similitudini in fase difensiva; quattro difensori e quattro centrocampisti, che si muovono e agiscono in modo molto simile. La differenza principale è il posizionamento del "numero 10", che consente al sistema 4-2-3-1 di avere un giocatore in più a centrocampo, rispetto al 4-4-2; questo è il fattore che distingue il modo in cui la fase difensiva viene svolta dal Num.9 e dal Num.10, nello spazio davanti ai quattro centrocampisti.

Le squadre che giocano con 2 attaccanti (di un 4-4-2 per esempio) in fase difensiva, possono essere molto efficaci quando l'obiettivo è portare pressione in alto sul campo, ma, ovviamente, perdono un giocatore a centrocampo rispetto al 4-2-3-1, rendendola una formazione meno solida in mezzo al campo e più semplice la ricezione palla tra le linee degli attaccanti e di centrocampo, per la squadra in possesso.

Difendere con 1 attaccante, nel 4-2-3-1, potrebbe non essere altrettanto efficace per portare pressione alta, ma rende sicuramente più difficile effettuare e ricevere passaggi tra le linee dell'attaccante e di centrocampo, per l'avversario, specialmente dall'esterno verso il centro. La presenza del numero 10, all'interno di questo spazio, può bloccare le linee di passaggio e impedire agli avversari il cambio di gioco.

Ci sono comunque alcune squadre che si schierano con il 4-2-3-1 e si muovono, in fase difensiva, di fronte ai quattro centrocampisti con dinamiche più prossime a quelle del 4-4-2. Due esempi sono il Borussia Dortmund e il Liverpool di Jürgen Klopp.

# I REQUISITI PER LA COSTRUZIONE DEL GIOCO DAL BASSO

## Trasmissioni palla precise del portiere

Sono necessarie per muovere palla dal portiere al giocatore obiettivo, se è libero di ricevere nello spazio. Un portiere tecnicamente abile è fondamentale per evitare di regalare il possesso all'avversario in zone pericolose del campo.

## Tecnica di base per la conduzione (controllo palla)

L'obiettivo è spostare rapidamente palla in avanti e creare superiorità numerica in zone specifiche del campo. Un difensore o un centrocampista tecnicamente abili nella conduzione di palla, garantiscono sicurezza e il mantenimento del possesso nella propria metà campo.

## Trasmissioni palla in avanti precise

La precisione nei passaggi è necessaria per muovere palla in avanti con successo e sfruttare la superiorità numerica creata in un'area specifica del campo. Se viene giocato un passaggio impreciso con la squadra in superiorità numerica, questa diventa inutile, poiché il possesso viene perso in una situazione favorevole e con una buona opportunità in fase offensiva.

## LE QUATTRO FASI NECESSARIE

Per costruire gioco dal basso con successo, la squadra in possesso deve giocare attraverso 4 fasi:

- **Fase 1:** Fornire un'opzione di passaggio al portiere
- **Fase 2:** Muovere palla verso un giocatore "obiettivo" o smarcato
- **Fase 3:** Creare superiorità numerica in una zona specifica del campo
- **Fase 4:** Sfruttare la superiorità numerica

COSTRUIRE GIOCO CONTRO LA PRESSIONE ALTA DELL'AVVERSARIO

# ORGANIZZAZIONE DELLE SESSIONI

### 1. SITUAZIONE DI GIOCO E ANALISI

- L'analisi si basa su soluzioni di gioco ricorrenti, osservate nelle squadre di Marcelo Bielsa, **Olympique Marsiglia** e **Athletic Bilbao** in particolare. Quando la stessa dinamica di gioco si ripresenta costantemente (almeno 10 volte), la situazione tattica viene considerata come modello.

- Ogni azione, trasmissione, movimento individuale (con o senza palla) e la posizione di ciascun giocatore sul campo, incluso il posizionamento del corpo, sono descritti dettagliatamente.

### 2. SESSIONE DI ALLENAMENTO COMPLETA DALLA SITUAZIONE TATTICA

- Esercitazioni tecniche analitiche e funzionali
- Esercitazioni tattiche con avversari
- Obiettivi e descrizioni complete
- Regole, progressioni, varianti ed elementi su cui porre l'attenzione (quando presenti)

# LEGENDA

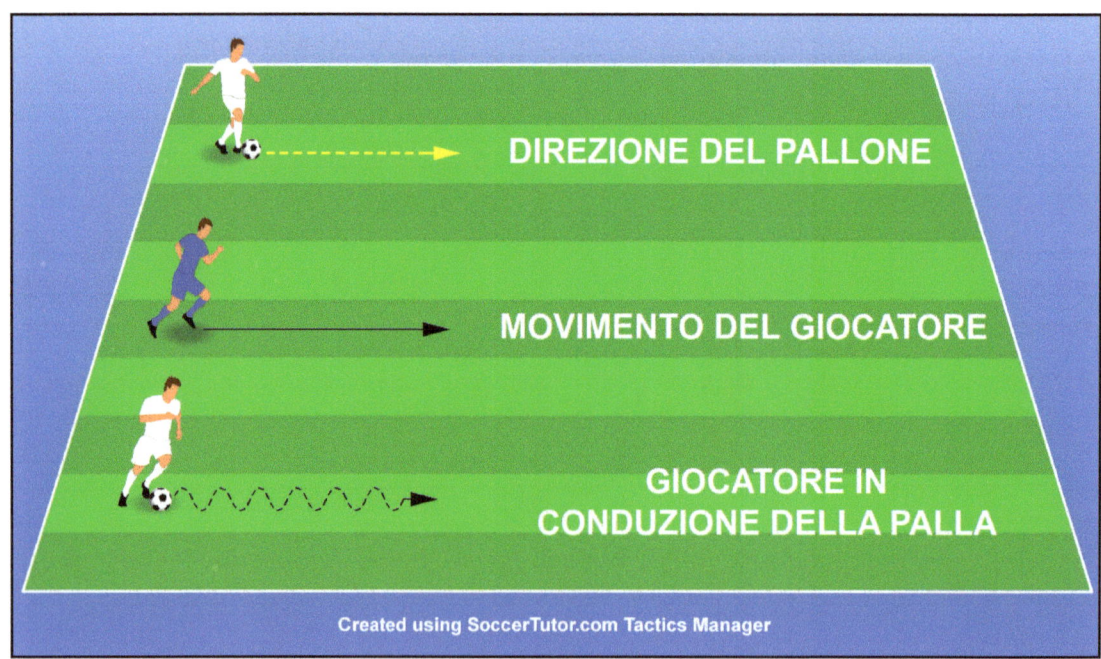

# CAPITOLO 1

## LA COSTRUZIONE DEL GIOCO DAL BASSO CONTRO 2 ATTACCANTI

LA COSTRUZIONE DEL GIOCO DAL BASSO CONTRO 2 ATTACCANTI

# SCAGLIONAMENTO PER LA COSTRUZIONE DEL GIOCO CONTRO 2 ATTACCANTI

L'organizzazione del 4-2-3-1 di Marcelo Bielsa prevede che i giocatori costruiscano le azioni dal basso; la formazione base è mostrata nella figura qui sotto. Normalmente i difensori centrali (4 e 5) si muovono verso posizioni in ampiezza, mentre i laterali bassi (2 e 3) si portano in avanti.

### Lo scaglionamento del 4-2-3-1 contro 2 attaccanti

Questa formazione di base non è giusta per affrontare un avversario che inizia la fase difensiva con 2 attaccanti. Si crea una situazione 2 contro 2 nel primo terzo di campo, che rende difficile giocare palla partendo dal portiere; questo è il motivo per cui Bielsa cambia questo assetto iniziale per costruire gioco dal basso. Lo scaglionamento e le modifiche sono completamente descritte nelle pagine seguenti, in cui vengono analizzati tutti gli adattamenti nella formazione per migliorare la costruzione del gioco dal basso, contro un avversario che inizia la fase difensiva con 2 attaccanti.

**CONSIDERAZIONI:**

Alcune squadre avversarie, che si schierano con il 4-2-3-1, creano la stessa situazione di gioco, portando il numero 10 in alto sul campo (ad esempio, il Borussia Dortmund e Liverpool di Klopp). Ciò significa che si crea nuovamente una situazione 2 contro 2 nel primo terzo di campo e si deve quindi trovare una soluzione.

LA COSTRUZIONE DEL GIOCO DAL BASSO CONTRO 2 ATTACCANTI

# STEP 1: CREARE UN'OPZIONE DI PASSAGGIO DISPONIBILE PER IL PORTIERE CONTRO 2 ATTACCANTI

### 2 contro 2 nel primo terzo di campo (contro 2 attaccanti)

Quando la squadra difendente gioca con 2 attaccanti, si crea una situazione 2 contro 2 nel primo terzo di campo, rendendo rischiosi i passaggi diretti dal portiere verso uno dei centrali difensivi.

Per costruire in sicurezza, il portiere deve avere un'opzione di passaggio sicura verso un giocatore smarcato.

### 3 contro 2 nel primo terzo di campo (contro 2 attaccanti)

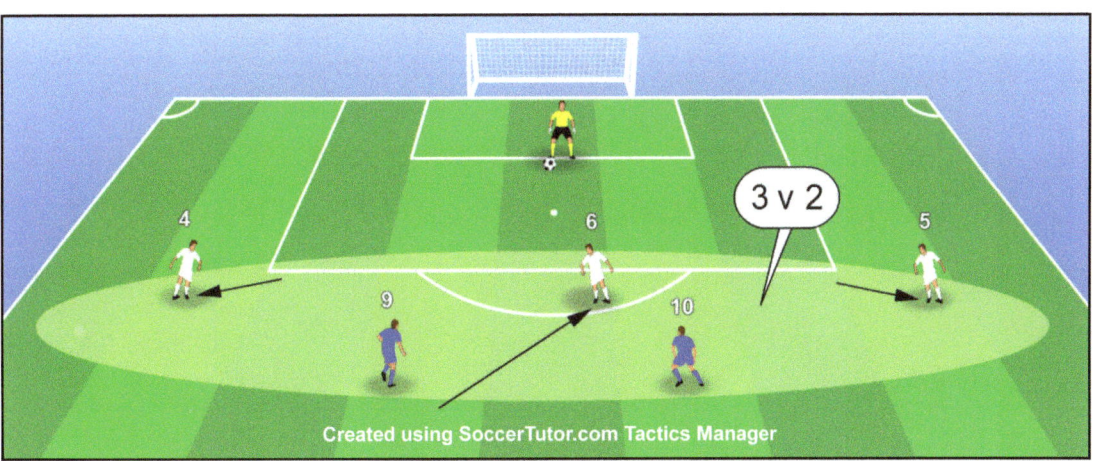

Per assicurarsi che il portiere possa giocare palla senza problemi verso un compagno smarcato, viene creata una situazione di superiorità numerica nel primo terzo di campo, con 3 giocatori contro i 2 attaccanti avversari. Diversi movimenti, che verranno spiegati nelle pagine seguenti, possono essere utili alla creazione di questa superiorità numerica.

LA COSTRUZIONE DEL GIOCO DAL BASSO CONTRO 2 ATTACCANTI

# 1a) Creare e adattare una situazione 3 contro 2, nel primo terzo di campo, con il sistema di gioco 3-3-3-1

In fase di costruzione del gioco contro avversari che si schierano con 1 attaccante, non è necessario prevedere movimenti tattici particolari, poiché esiste già una superiorità numerica 2 contro 1. Tuttavia, quando si costruisce dal basso contro 2 attaccanti, alcuni aggiustamenti tattici diventano necessari. La figura di seguito mostra i movimenti per questa fase di gioco, secondo l'idea di Marcelo Bielsa; anche altri, tra i grandi allenatori, come Pep Guardiola, hanno proposto questa soluzione. Quando si parte da una formazione come il 4-2-3-1, il giocatore che normalmente arretra sulla linea difensiva è il centrocampista centrale più vicino, detto anche "centrocampista di mantenimento". Il centrocampista che si posiziona tra i difensori centrali deve essere abile nella trasmissione e nel controllo della palla, ai livelli di Sergio Busquets o Xabi Alonso, per esempio.

**Passare dal 4-2-3-1 al 3-3-3-1 in fase di costruzione contro 2 attaccanti: il centrocampista centrale si muove indietro e si posiziona in mezzo ai 2 centrali difensivi**

Marcelo Bielsa schiera molto spesso la squadra con il 4-2-3-1, ma quando un centrocampista centrale, il Num.6, in figura, si posiziona tra i difensori centrali e i laterali bassi si spingono in avanti, la formazione passa al 3-3-3-1, con una forte connotazione offensiva, visto che i 4 giocatori nelle posizioni avanzate agiscono in una situazione 4 contro 4, nell'ultimo terzo di campo. Questa parità numerica lascia sempre un vantaggio alla squadra attaccante. Bielsa propone spesso il 3-3-3-1 come formazione partente e non solo in fase di costruzione del gioco dal basso.

**LA COSTRUZIONE DEL GIOCO DAL BASSO CONTRO 2 ATTACCANTI**

## Dal 4-2-3-1 al 3-3-3-1 in fase di costruzione contro 2 attaccanti: il centrocampista centrale si muove indietro e si posiziona nei pressi della linea laterale

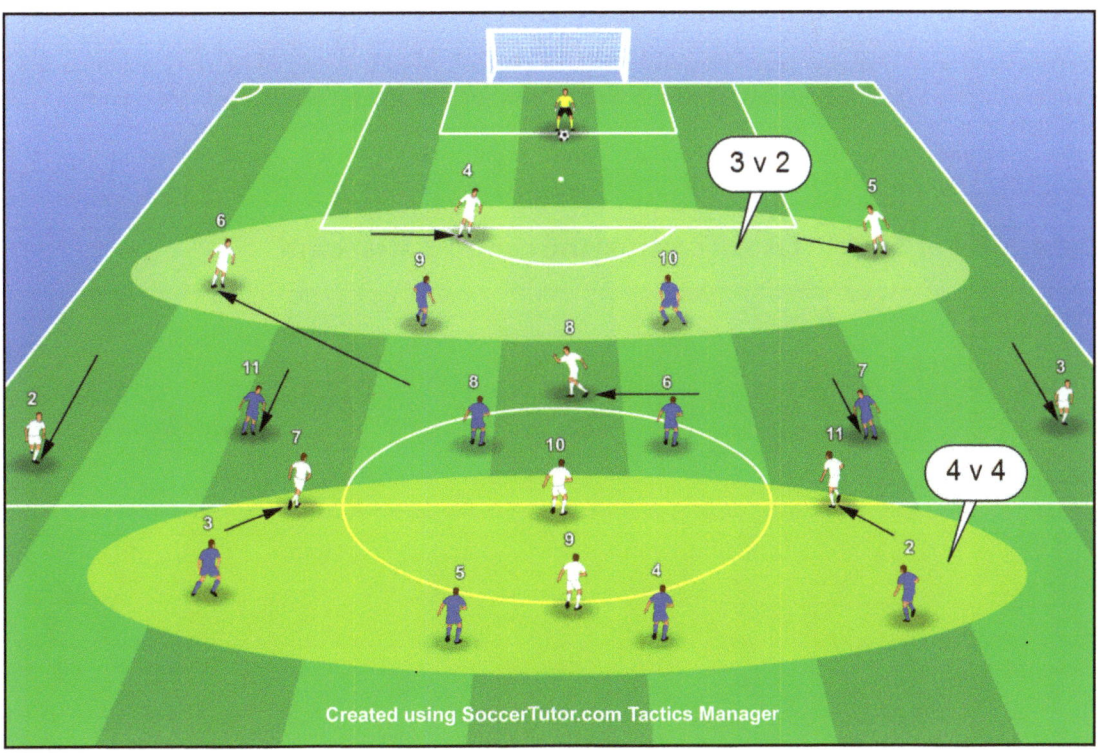

Se la squadra attaccante si schiera con il 4-2-3-1, la superiorità numerica 3 contro 2 nel primo terzo di campo può anche essere creata attraverso il ripiegamento, verso la linea laterale, di un centrocampista centrale (vedi il movimento del Num.6 nella figura qui sopra).

I difensori centrali (4 e 5) scivolano e l'altro centrocampista (8) si sposta in posizione più centrale.

Nell'esempio in figura, la squadra attaccante adatta la formazione 4-3-2-1 al 3-3-3-1, per costruire gioco dal portiere.

# 1b) Creare e adattare una situazione 3 contro 2, nel primo terzo di campo, con il sistema di gioco più difensivo 3-4-3

I cambiamenti tattici nelle due pagine precedenti sono di carattere offensivo, poiché viene creata una situazione 4 contro 4 in fase offensiva. Tuttavia, c'è anche un'altra opzione più difensiva per creare superiorità numerica nel primo terzo di campo, che Marcelo Bielsa propone con le sue squadre e che prevede un centrocampo più coperto, lasciando la linea d'attacco in inferiorità numerica 3 contro 4 in favore della squadra difendente (vedi la figura sotto).

**Dal 4-2-3-1 al 3-4-3 in fase di costruzione contro 2 attaccanti**

In questa situazione, la squadra evolve nuovamente la formazione dal 4-2-3-1. Il centrocampista centrale (6) arretra fra i difensori centrali e uno degli esterni alti, il Num.7 in figura, si muove indietro e verso il centro per mantenere l'equilibrio e creare una linea di 4 a centrocampo.

L'esterno alto che si muove nel mezzo (7) agisce come centrocampista centrale, e, se la palla viene giocata in avanti sul campo, si unisce ai tre giocatori più avanzati per attaccare. L'attaccante (9) scivola verso destra e il numero 10 si sposta leggermente verso sinistra per mantenere l'equilibrio, formando uno schieramento 3-4-3 più equilibrato. C'è superiorità numerica 3 contro 2 nel primo terzo di campo per costruire gioco, ma c'è inferiorità numerica 3 contro 4 in fase offensiva.

LA COSTRUZIONE DEL GIOCO DAL BASSO CONTRO 2 ATTACCANTI

# STEP 2: MUOVERE PALLA VERSO UN GIOCATORE LIBERO (OPPURE "OBIETTIVO") CONTRO 2 ATTACCANTI

Dopo aver completato la prima parte, creando un'opzione di passaggio disponibile per il portiere, l'obiettivo successivo per Marcelo Bielsa e per i suoi giocatori è sfruttare la superiorità numerica, muovendo palla verso il compagno in "aiuto". Questo giocatore avrà probabilmente tempo e spazio a disposizione una volta ricevuta palla e se riesce a superare la pressione avversaria, la squadra avrà molte possibilità di creare superiorità numerica in zone specifiche del campo. La situazione ideale è quella in cui la palla è diretta al "giocatore obiettivo" (vedi foto sotto).

## 2a) Chi è il giocatore obiettivo?

**Creare superiorità numerica 3 contro 2 vicino alla linea laterale, attraverso il sistema 3-3-3-1 di Bielsa, contro 2 attaccanti (opzione offensiva)**

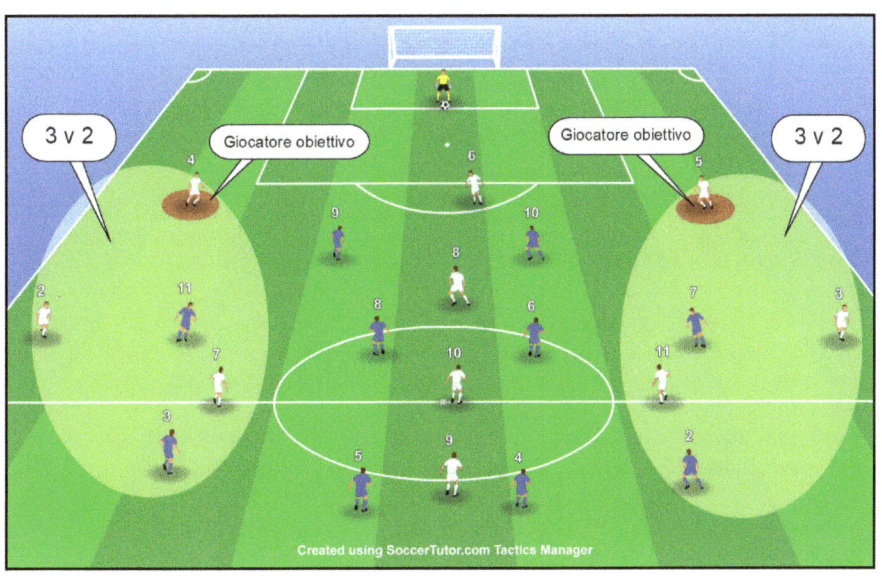

Adattando la formazione dal 4-2-3-1 al 3-3-3-1 per la fase offensiva contro 2 attaccanti, si crea superiorità numerica 3 contro 2 al centro del primo terzo di campo e 3 contro 2 vicino a entrambe le linee laterali. I due centrali, che si muovono in ampiezza, sono entrambi 'giocatori obiettivo'. Queste superiorità numeriche vengono create grazie alla natura offensiva del sistema 3-3-3-1.

### CONSIDERAZIONI:

1. Il "giocatore obiettivo" deve ricevere la palla dopo aver superato la pressione dell'avversario più vicino a lui, per poter sfruttare la situazione di superiorità numerica. Se l'attaccante avversario riesce a chiudere il "giocatore obiettivo", la squadra in difesa, quella blu, mantiene l'equilibrio, poiché si crea parità numerica nei pressi della linea laterale.

2. L'opzione difensiva, con l'adattamento del 4-2-3-1 al 3-4-3, per costruire gioco, non crea superiorità numerica 3 contro 2 su entrambi i lati (vedi la prossima pagina).

**LA COSTRUZIONE DEL GIOCO DAL BASSO CONTRO 2 ATTACCANTI**

## Creare superiorità numerica 3 contro 2 vicino alla linea laterale, attraverso il sistema 3-4-3 di Bielsa contro 2 attaccanti (opzione difensiva)

L'adattamento più difensivo del 4-2-3-1 al 3-4-3 per costruire gioco dal basso, crea una situazione 3 contro 2 su un lato (a sinistra in figura) ma non su quello opposto (a destra) dove c'è un duello 2 contro 2. Ciò significa che il centrale difensivo di sinistra (5) è il "giocatore obiettivo" e, se può ricevere e superare la pressione dell'avversario Num.10 in maglia blu, ci sono molte possibilità di poter sfruttare la superiorità numerica 3 contro 2 su quel lato. In alternativa, se il Num.5 e il Num.6 sono marcati e non possono ricevere, la palla deve essere giocata verso il Num.4, che diventa il "giocatore libero". In questa situazione non c'è nessuna superiorità numerica vicino alla linea laterale, ma una situazione 2 contro 2.

### CONSIDERAZIONI:

1. È molto probabile che il "giocatore obiettivo" venga spesso variato durante l'azione, poiché il rapido spostamento dei giocatori avversari può influenzare la situazione, in diverse zone del campo. Se il "giocatore libero" è posizionato sul lato debole, allora la palla deve essere giocata verso di lui.

2. Nei casi in cui la palla venga mossa verso il 'giocatore smarcato' e non verso il 'giocatore obiettivo', c'è ancora la possibilità di creare superiorità numerica, per la squadra attaccante, attraverso alcuni accorgimenti tattici (vedi l'esempio mostrato nella pagina successiva).

**LA COSTRUZIONE DEL GIOCO DAL BASSO CONTRO 2 ATTACCANTI**

## Sviluppare la situazione 2 contro 2 vicino alla linea laterale in una 3 contro 2, attraverso il movimento in ampiezza dell'attaccante, dopo la ricezione del giocatore libero (3-4-3 di Bielsa)

Il movimento del Num.9 cambia la situazione di gioco da 2 contro 2 a 3 contro 2

Sia il Num. 6 che il Num. 5, il "giocatore obiettivo", sono marcati dai 2 attaccanti blu (9 e 10); il difensore centrale destro (4) è smarcato, diventando il "giocatore libero", ma non il "giocatore obiettivo".

Quando il Num. 4 riceve palla dal portiere, si svolge un duello 2 contro 2 iniziale vicino alla linea laterale; da questa situazione di partenza, le squadre di Bielsa si scaglionano nuovamente, per creare superiorità numerica.

L'attaccante (9) si muove verso il lato forte, mentre il numero 10 si porta in avanti. Una situazione 3 contro 2 viene creata sul lato forte, come mostrato in figura.

LA COSTRUZIONE DEL GIOCO DAL BASSO CONTRO 2 ATTACCANTI

## 2b) Muovere palla verso il "giocatore obiettivo" oppure verso il "giocatore libero"

**Costruire dal basso contro 2 attaccanti, quando entrambi i giocatori obiettivo sono marcati (3-3-3-1 offensivo)**

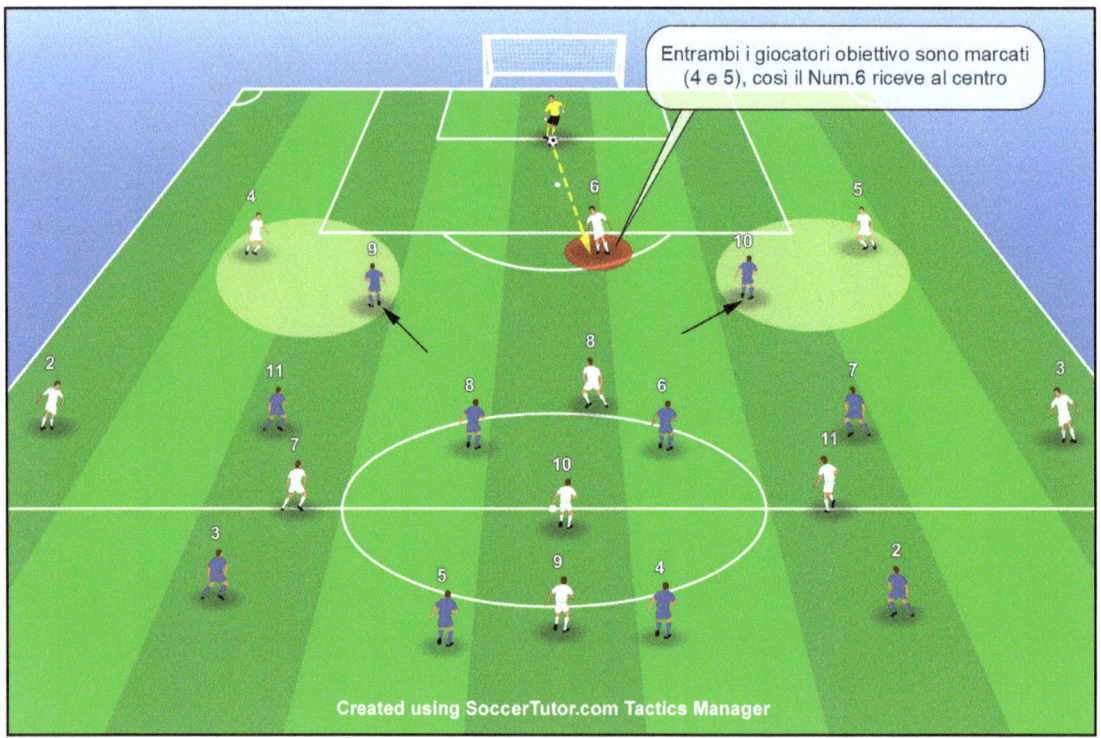

Entrambi i giocatori obiettivo sono marcati (4 e 5), così il Num.6 riceve al centro

Il "giocatore obiettivo" può essere servito in due differenti:

1. Se il "giocatore obiettivo" è libero da marcatura, perché i due attaccanti avversari sono concentrati sugli altri due compagni, la palla può essere giocata direttamente.
2. Se il "giocatore obiettivo" o i "giocatori obiettivo" sono marcati, il portiere trasmette palla sul corto al Num.6, il "giocatore smarcato". La palla può quindi essere trasmessa verso un "giocatore obiettivo", tramite un compagno "di collegamento" (vedi figura nella pagina seguente).

# LA COSTRUZIONE DEL GIOCO DAL BASSO CONTRO 2 ATTACCANTI

## L'utilizzo di un 'giocatore di collegamento' per muovere palla verso il 'giocatore obiettivo'

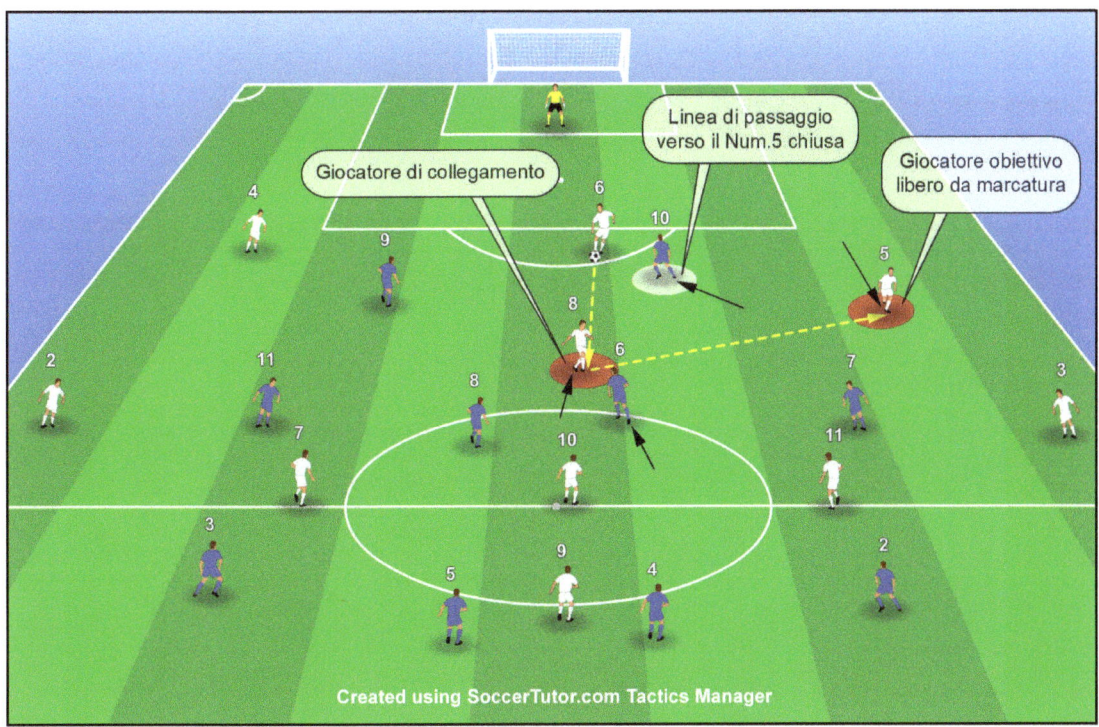

Seguendo dalla pagina precedente, non appena il Num.6 riceve, il Num.10 blu si sposta, sia per portare pressione, sia per chiudere le linea di passaggio verso il Num.5, ora libero da marcatura. Il Num.6 trasmette palla al centrocampista centrale (8), che riesce ad agire come "giocatore di collegamento" e a passare verso il Num.5, che si è mosso in avanti per ricevere nello spazio.

Questo tipo di combinazioni e movimenti sono fondamentali per costruire gioco dal basso contro 2 attaccanti avversari. Se il passaggio al "giocatore obiettivo" non è possibile, il "giocatore libero" può ricevere e attirare la pressione avversaria su di sé, per poi utilizzare un "compagno di collegamento" per trovare, infine, un "giocatore obiettivo" smarcato.

### CONSIDERAZIONI:

1. Muovere palla verso un "giocatore obiettivo" direttamente o attraverso un "giocatore di collegamento" è una dinamica di gioco applicabile a tutte le situazioni tattiche e schieramenti.

2. Schierandosi con l'opzione difensiva del 4-2-3-1, il 3-4-3 di Bielsa spiegato prima, due centrocampisti possono agire come "giocatori di collegamento". Questo può essere un vantaggio se gli attaccanti avversari portano pressione per forzare il gioco verso l'interno, bloccando le trasmissioni palla verso le linee laterali.

**LA COSTRUZIONE DEL GIOCO DAL BASSO CONTRO 2 ATTACCANTI**

## 2c) Costruire e attaccare quando i 2 attaccanti avversari forzano la direzione del gioco verso il centro

La zona centrale del campo è la più cruciale: se un giocatore riceve palla nel mezzo, con tempo e spazio giusti, avrà molte opzioni di giocata disponibili. Una squadra ben organizzata difensivamente, di solito, impedisce all'avversario di giocare in questa situazione; tuttavia, a volte, le squadre adottano una strategia che costringe il gioco e forza la direzione della palla verso l'interno. In questa situazione, mostrata nella figura di seguito, i 2 attaccanti avversari restano posizionati in ampiezza e lasciano al Num.6 la possibilità di ricevere e condurre palla in avanti. Anche in questa situazione, la squadra in possesso dovrebbe essere in grado di superare la pressione avversaria.

### Trovare linee di passaggio e gli spazi disponibili se la direzione di gioco è forzata verso il centro

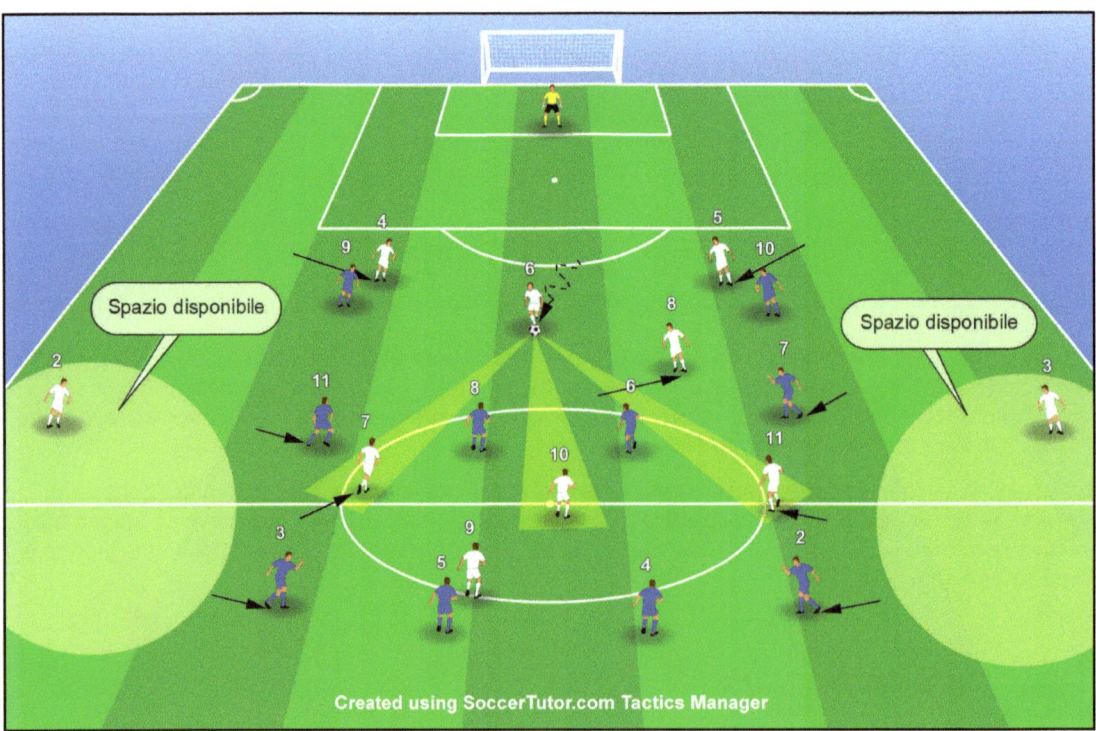

Il Num.6 riceve palla e avanza mentre i due attaccanti blu (9 e 10) rimangono posizionati in ampiezza. Le 3 opzioni di passaggio per il giocatore in possesso sono dirette verso i centrocampisti tra le linee (7, 10 o 11), che potrebbero ricevere e girarsi per attaccare nella metà campo avversaria.

In alternativa, quando gli esterni alti della squadra blu (7 e 11) convergono per chiudere le linee di passaggio, si crea spazio disponibile per i laterali bassi (2 e 3), in ampiezza. Più gli esterni della squadra blu convergono per bloccare le linee di passaggio, più diventa difficile poter servire il Num.7 e il Num.11; ma lo spazio vicino alle linee laterali diventa più ampio per poter giocare, anche con palla alta.

## LA COSTRUZIONE DEL GIOCO DAL BASSO CONTRO 2 ATTACCANTI

### Trasmettere una palla filtrante al centro, quando gli esterni alti avversari restano posizionati in ampiezza

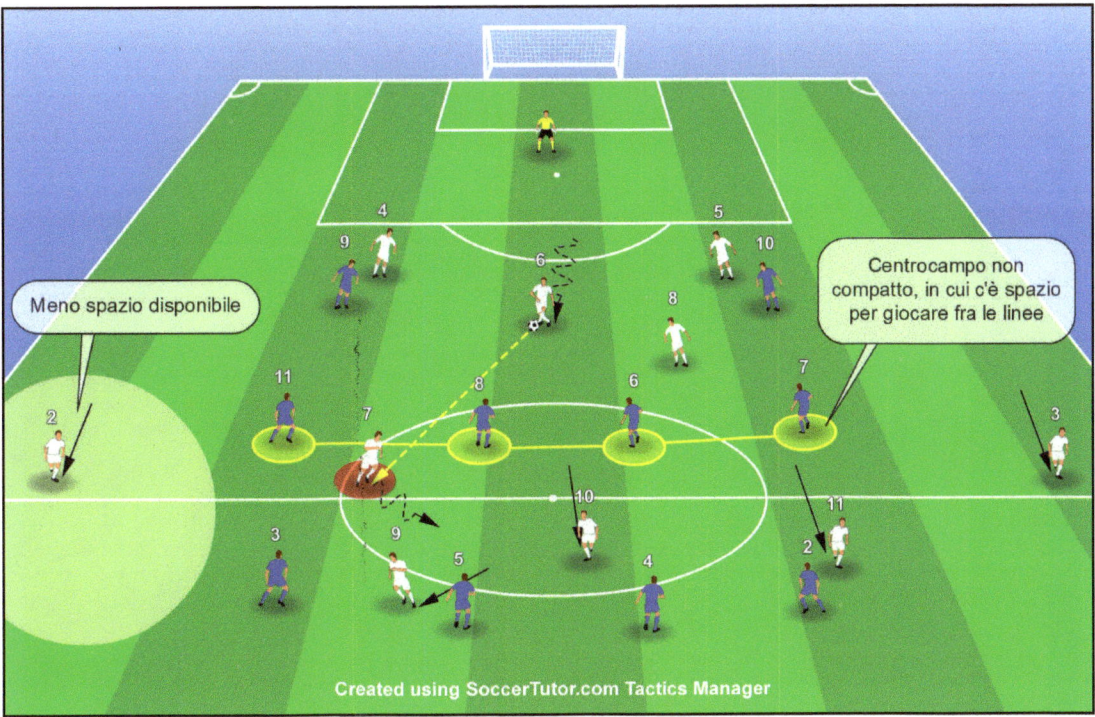

Questa è una situazione alternativa a quella nella figura precedente.

Se gli esterni alti avversari (7 e 11) restano posizionati in ampiezza per limitare lo spazio vicino alle linee laterali, piuttosto che convergere verso il centro, le linee di passaggio si allargano e i passaggi filtranti diventano molto più facili.

Nell'esempio in figura, il Num.6 riesce a giocare una palla filtrante verso il Num.7, che si gira, mettendo fuori gioco i 4 centrocampisti avversari.

È possibile creare una situazione 6 contro 4 in fase offensiva, se i laterali bassi si sono portati in posizioni avanzate.

LA COSTRUZIONE DEL GIOCO DAL BASSO CONTRO 2 ATTACCANTI

**I laterali bassi avversari si muovono in avanti per impedire ai centrocampisti di ricevere tra le linee, ma si crea spazio alle loro spalle**

In questa variante della situazione precedente, il laterale basso sinistro avversario (3) si porta in avanti per marcare il Num.7 e impedire la ricezione per poi girarsi.

Anche se l'opzione di passaggio verso il Num.7 viene bloccata, il movimento del laterale sinistro in avanti crea spazio alle sue spalle.

Il laterale basso destro (2) si muove in avanti per ricevere il passaggio con palla alta, nello spazio disponibile.

In questa situazione si può creare un duello 5 contro 4 per la squadra in attacco.

# LA COSTRUZIONE DEL GIOCO DAL BASSO CONTRO 2 ATTACCANTI

## Gli esterni alti avversari si muovono verso il centro per compattare il centrocampo, creando lo spazio per un duello 2 contro 1 vicino alle linee laterali

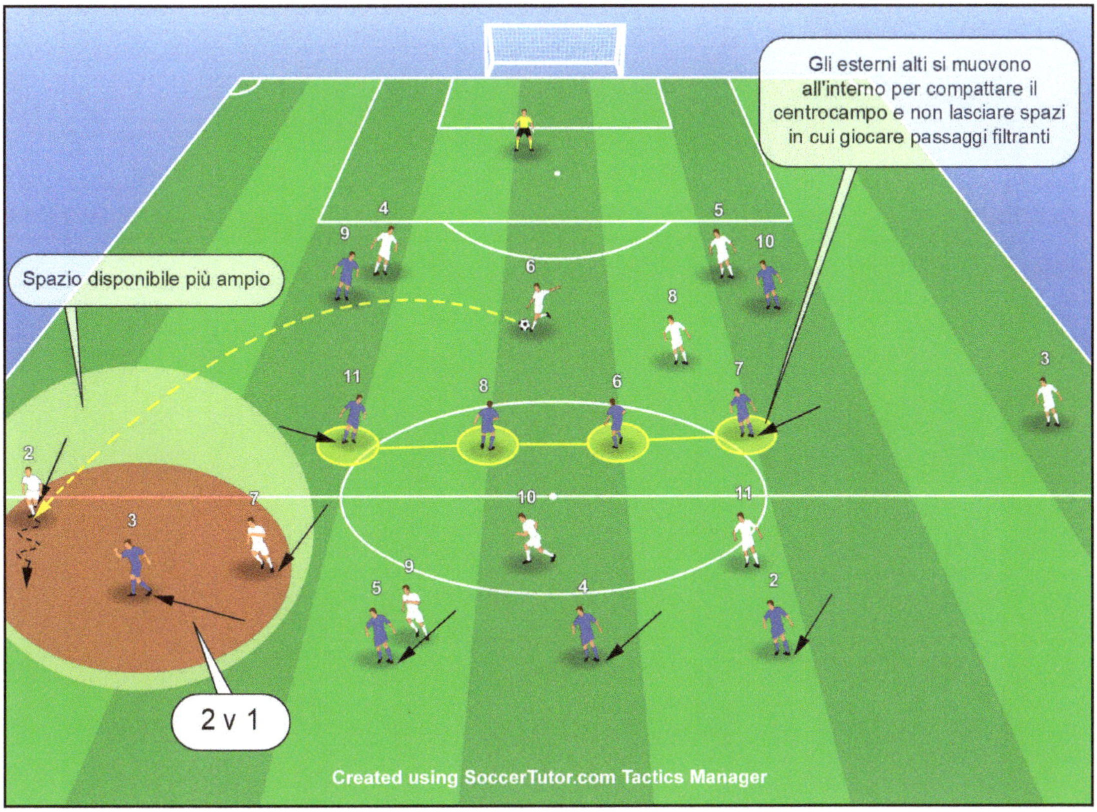

Se i centrocampisti avversari restano posizionati su una linea retta e convergono verso il centro, accorciando le distanze tra loro, si crea più spazio vicino alle linee laterali e, spesso, una situazione 2 contro 1 che può essere sfruttata dalla squadra in attacco.

Nell'esempio in figura, il laterale basso destro (2) riceve e viene chiuso dal laterale basso sinistro blu (3). Il Num.7 si muove per creare una situazione 2 contro 1.

Una situazione 5 contro 4 viene nuovamente creata per la squadra in attacco.

# LA COSTRUZIONE DEL GIOCO DAL BASSO CONTRO 2 ATTACCANTI

**Laterale basso ed esterno alto avversari si muovono insieme per coprire i diretti avversari (laterale ed esterno), e il numero 10 può ricevere palla internamente**

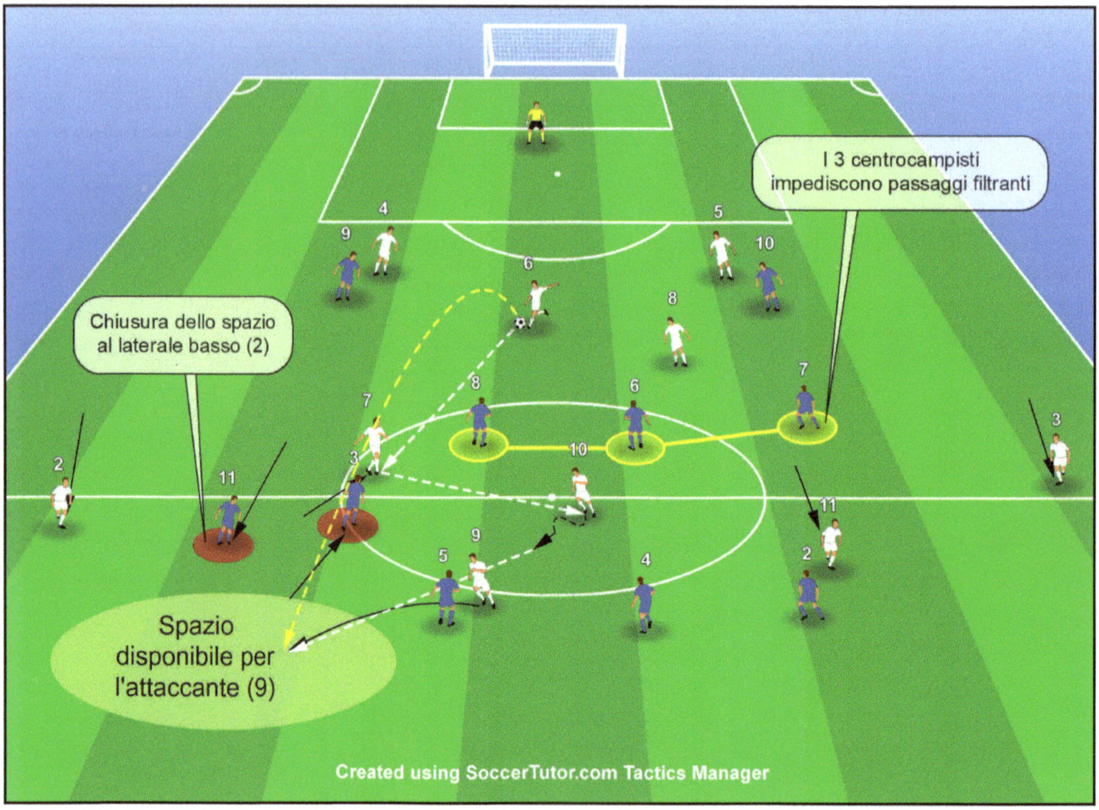

Se l'esterno alto blu (11) segue il laterale basso bianco (2) e quello blu (3) si muove in avanti per impedire al Num.7 di ricevere e girarsi, si crea spazio alle spalle del laterale basso sinistro (3).

La differenza, in questo caso, è rappresentata dal giocatore che può sfruttare lo spazio creato. Il laterale basso (2) è ora coperto, quindi l'attaccante (9) si muove nello spazio senza palla.

La palla può essere trasmessa direttamente nello spazio, sulla corsa dell'attaccante (linea gialla), oppure dopo una combinazione di passaggi (linee bianche).

### CONSIDERAZIONI:

1. È molto importante che i centrocampisti avversari non siano in grado di intercettare un passaggio sbagliato del Num.6, in quanto lascerebbe la squadra con un duello 2 contro 2 in fase difensiva.

2. I movimenti difensivi descritti sopra (squadra avversaria blu) possono essere proposti solo con schieramenti che prevedono 2 attaccanti, come il 4-4-2 e il 4-2-3-1 di Klopp, quando il Num.10 agisce in posizione avanzata.

# SESSIONE 1

**Dai principi tattici di Marcelo Bielsa**

## Costruire gioco e attaccare negli spazi centrali

Sessione per i principi tattici di BIELSA - Costruire gioco e attaccare negli spazi centrali

## SESSIONE DI ALLENAMENTO PER QUESTA SITUAZIONE TATTICA

## 1. Lettura della situazione di gioco, in fase di costruzione, per trasmettere palla correttamente negli spazi centrali

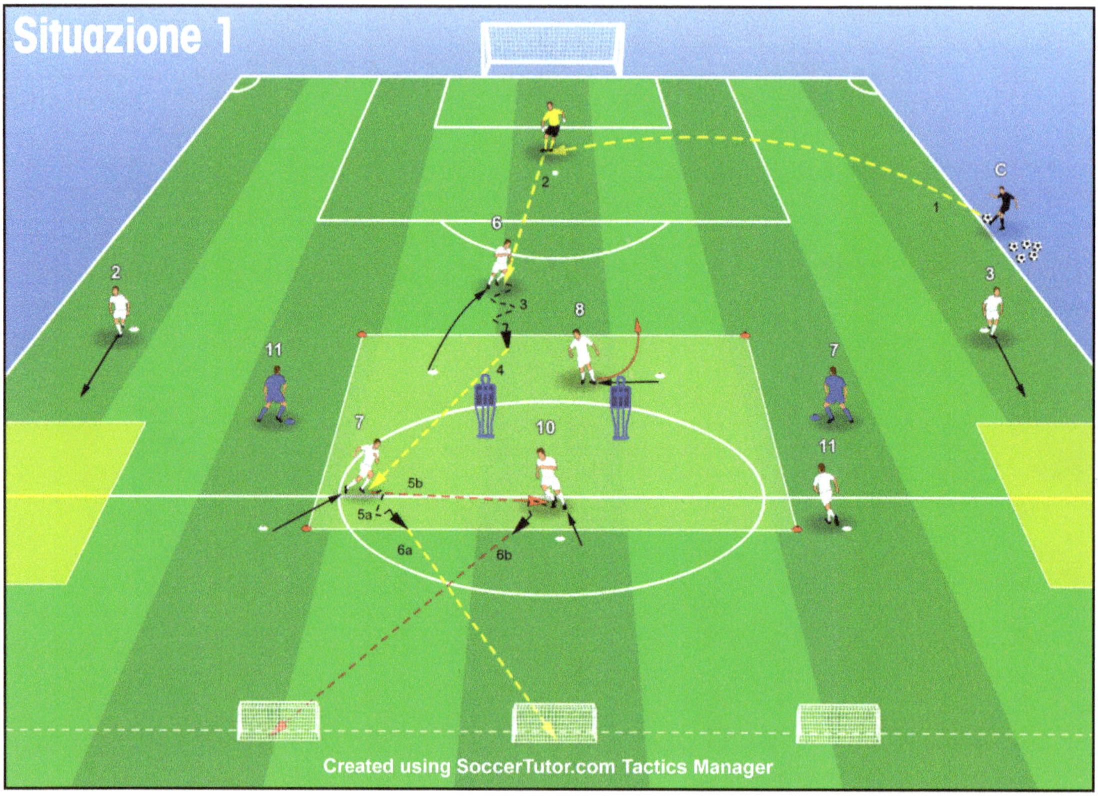

**Situazione 1**

**Obiettivo:** allenare la costruzione di gioco e la fase offensiva negli spazi centrali (esercitazione adattabile a differenti tipi di schieramento).

**Descrizione**

Su 2/3 di un campo regolare, vengono delimitate 1 area centrale, 2 aree laterali e vengono posizionate 2 sagome blu e 3 porticine, come mostrato in figura. 7 giocatori bianchi (e 1 portiere) iniziano l'esercitazione sui coni dello stesso colore e 2 giocatori esterni blu partono, invece, dai rispettivi coni; l'esercitazione inizia non appena il portiere riceve palla dall'allenatore. Dato che stiamo allenando la squadra sulla filosofia di gioco di Marcelo Bielsa, i giocatori bianchi si scaglionano, dalle loro posizioni nel 4-2-3-1, fino a formare uno schieramento 1-3-3 (dal 3-3-3-1, descritto nell'analisi all'interno di questo capitolo). Il centrocampista centrale (6) arretra, riceve dal portiere e avanza palla al piede. I centrocampisti bianchi (7 e 10), che possono essere potenziali riceventi, si muovono all'interno dell'area centrale. Il Num.6 deve leggere i movimenti degli esterni blu e prendere la decisione migliore per compiere la giocata.

**Situazione 1:** se l'esterno blu resta posizionato in ampiezza per controllare lo spazio, la scelta corretta è trasmettere palla tra il giocatore e la sagoma, che rappresenta uno dei centrocampisti centrali. Il centrocampista bianco, il Num.7 in figura, può ricevere, girarsi e concludere nelle porticine, oppure giocare di prima intenzione verso il Num.10.

**Regole:** i centrocampisti devono ricevere, girarsi e trasmettere all'interno dell'area centrale.

Sessione per i principi tattici di BIELSA - Costruire gioco e attaccare negli spazi centrali

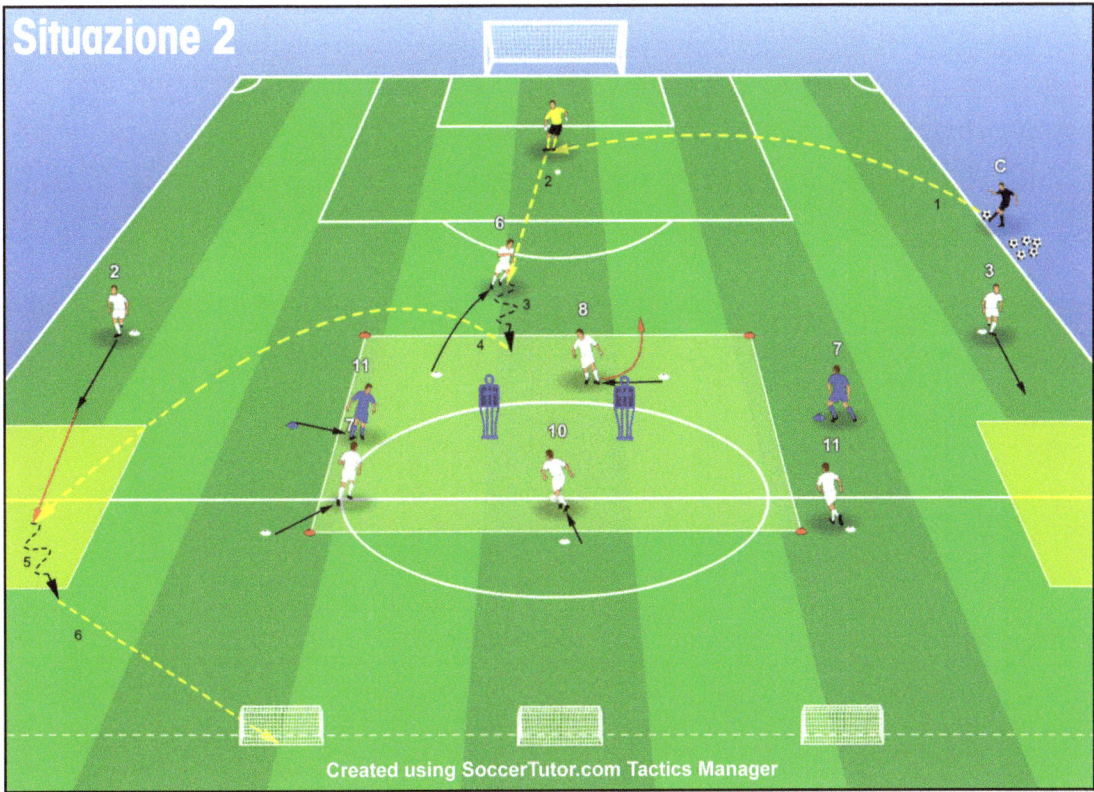

**Situazione 2:** la seconda figura rappresenta la sequenza di gioco, nel caso in cui l'esterno blu (11) si porti all'interno dell'area centrale, per compattare il centrocampo.

Invece di cercare un passaggio filtrante, il Num.6 gioca palla alta sulla corsa in avanti del laterale basso, il Num.2 in figura, che riceve e conclude nelle porticine.

**Regole:** la palla lunga verso il laterale basso deve essere diretta verso, e ricevuta all'interno, della zona gialla.

**Attenzione a:**
1. I giocatori devono leggere la situazione rapidamente e prendere la decisione giusta.
2. I movimenti devono essere sincronizzati, buona gestione della palla nel controllo e nel girarsi e attenzione alle trasmissione palla durante nelle combinazioni di gioco, all'interno di uno spazio limitato.

Sessione per i principi tattici di BIELSA - Costruire gioco e attaccare negli spazi centrali

## PROGRESSIONE

## 2. Esercitazione funzionale alla lettura della situazione di gioco, in fase di costruzione, negli spazi centrali

### Descrizione

In questa progressione dell'esercitazione precedente si aggiungono 2 laterali bassi (2 e 3) e 2 centrocampisti centrali (6 e 8), in sostituzione delle sagome blu. La squadra bianca deve ora superare la pressione di 2 centrocampisti centrali e leggere i movimenti dei laterali bassi e degli esterni alti blu. I giocatori bianchi cercano di segnare nelle porticine e, se i blu conquistano il possesso, devono condurre palla al di là della linea bianca (1 punto) oppure rossa (3 punti) entro 8"-10".

*Le opzioni seguenti sono spiegate nelle analisi tattiche di questo capitolo dalla pagina 29 alla 32:*

1. Giocare passaggi filtranti al centro, quando gli esterni alti avversari restano posizionati in ampiezza - *Pagina 29*.
2. Il laterale basso avversario si muove in avanti per impedire la ricezione al centrocampista, creando però spazio in ampiezza per il laterale, che può ricevere un passaggio lungo alle spalle di quello avversario. - *Pagina 30*.
3. Gli esterni alti avversari si muovono internamente per compattare il centrocampo, creando però un duello 2 contro 1 nello spazio vicino alla linea laterale (ricezione palla all'interno della zona delimitata) - *Pagina 31*.
4. Il laterale e l'esterno avversari si muovono insieme per coprire i diretti avversari, così il Num.7, il giocatore di collegamento, può trasmettere di prima intenzione verso il Num.10 - *Pagina 32 e figura sopra*.

**Regole:** sono le stesse dell'esercitazione precedente, ma il passaggio lungo del Num.6 alle spalle del laterale basso, se si muove in avanti, può essere ricevuto al di fuori dell'area delimitata gialla.

Sessione per i principi tattici di BIELSA - Costruire gioco e attaccare negli spazi centrali

## PROGRESSIONE

## 3. Esercitazione a zone per la lettura della situazione di gioco, in fase di costruzione, negli spazi centrali

### Descrizione

Per l'esercitazione finale di questa sessione, vengono delimitate 5 zone, come mostrato in figura, e si svolge una partita 11 contro 11. L'esercitazione inizia con il passaggio dell'allenatore al portiere e il successivo passaggio verso il Num.6 al centro. La squadra bianca si scagliona nuovamente sul campo, passando dal 4-2-3-1 al 3-3-3-1, per costruire gioco mentre la squadra blu si schiera con una formazione 4-4-2. Gli obiettivi sono la costruzione di gioco al centro, la lettura della situazione tattica, prendere le decisioni appropriate (vedere l'esercitazione precedente per le diverse opzioni), e segnare una rete nella porta regolare difesa dal portiere.

Gli obiettivi della squadra blu sono difendere, conquistare palla, per poi segnare entro 8"-10". Se un giocatore blu riesce a condurre palla attraverso la linea bianca o rossa, ottiene rispettivamente 1 o 3 punti in più.

### Regole:

1. I giocatori blu non possono entrare nella zona gialla in fase difensiva.
2. Non ci sono più restrizioni riguardanti l'area centrale, ma viene comunque delimitata per aiutare i giocatori bianchi nella lettura della situazione. Ad esempio, se l'esterno alto blu entra all'interno, probabilmente si è creato spazio vicino alla linea laterale per il laterale basso.

# CAPITOLO 2

# MUOVERE PALLA VERSO UN GIOCATORE "OBIETTIVO" SUL LATO DEBOLE

# MUOVERE PALLA VERSO UN GIOCATORE "OBIETTIVO" SUL LATO DEBOLE

In questa situazione, il "giocatore obiettivo" riceve palla dal portiere, ma l'attaccante avversario (9) lo mette sotto pressione e, in questo modo, non è più possibile creare superiorità numerica su quel lato.

**Un duello 3 contro 2 viene impedito sul lato forte, ma è invece possibile sul lato debole**

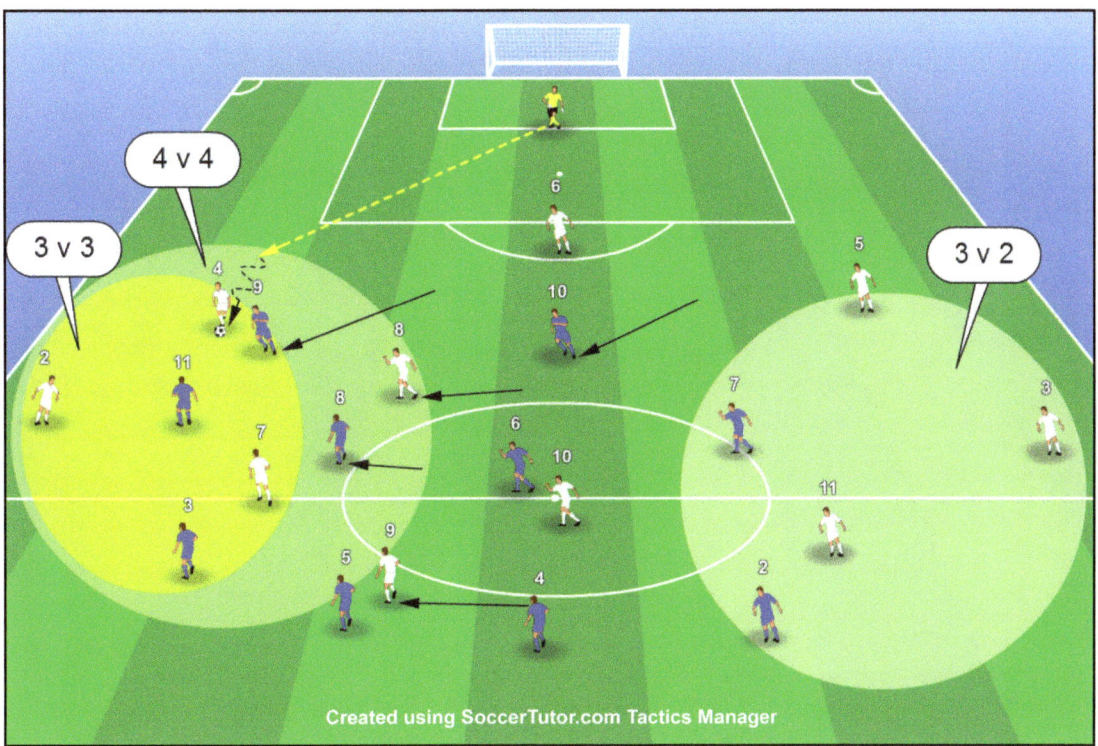

L'attaccante blu (9) chiude il difensore centrale in possesso, il Num.4 e lo mette sotto pressione dopo il primo passaggio del portiere. Si crea, di conseguenza, una situazione 3 contro 3 o 4 contro 4 in zona palla, che rende impossibile la creazione di superiorità numerica per la squadra in possesso.

Una situazione 3 contro 2 si crea invece sul lato debole e il "giocatore obiettivo" è ora il Num.5. Di seguito sono presentati i due possibili sviluppi:

1. Cambio di gioco verso il Num.5 per avvantaggiarsi della situazione 3 contro 2, vicino alla linea laterale.
2. Cambiare gioco verso il Num.3, in posizione avanzata, per creare una situazione 2 contro 1 (Num.3 e Num.11 contro il Num.2 blu).

**MUOVERE PALLA VERSO UN GIOCATORE "OBIETTIVO" SUL LATO DEBOLE**

## Opzione 1: trasmettere palla indietro al portiere, come giocatore di collegamento, per cambiare lato

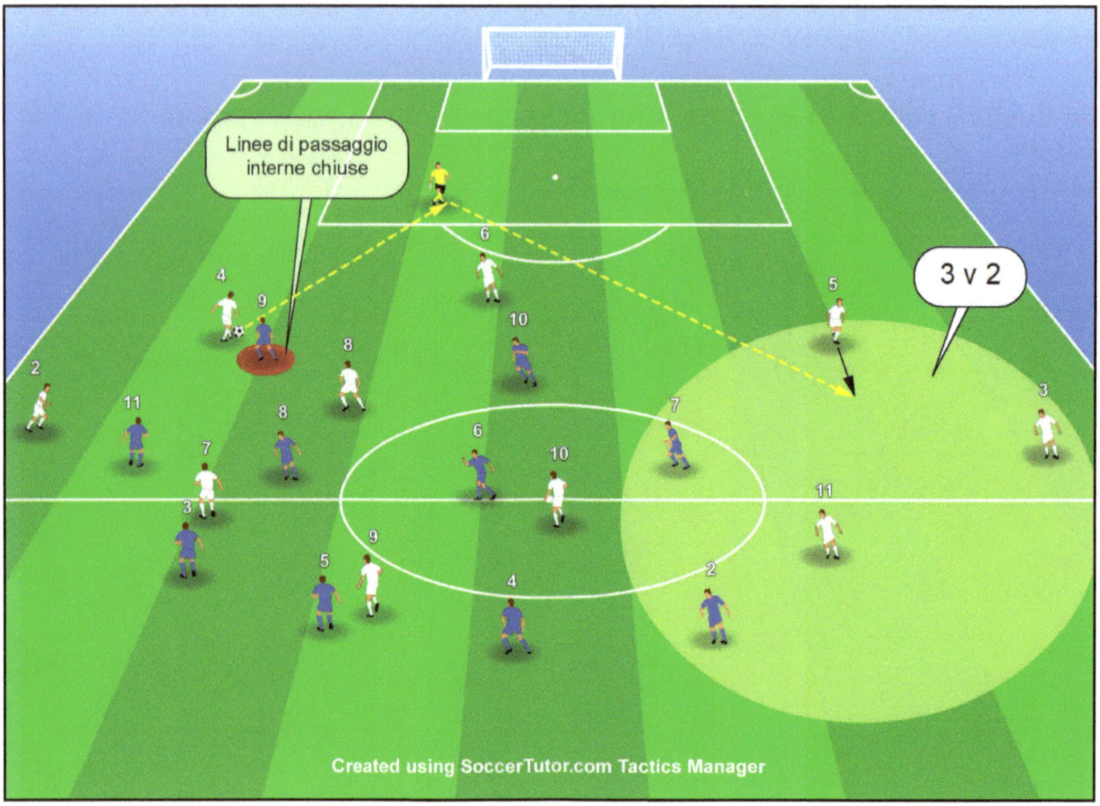

Come analizzato nella pagina precedente, la squadra bianca in fase offensiva, si trova in una situazione 3 contro 3 o 4 contro 4 in zona palla. La prima e più semplice opzione è trasmettere palla indietro verso il portiere, che agisce come "giocatore di collegamento".

Il portiere trasmette quindi al Num.5, che può portarsi in avanti con molto spazio e tempo disponibili.

L'attaccante più vicino, il Num.10 blu, è troppo distante per portare pressione.

Una situazione 3 contro 2 viene creata vicino alla linea laterale, in favore della squadra in possesso.

# MUOVERE PALLA VERSO UN GIOCATORE "OBIETTIVO" SUL LATO DEBOLE

## Opzione 2: se la linea di passaggio indietro verso il portiere viene chiusa, è possibile trasmettere palla verso l'interno

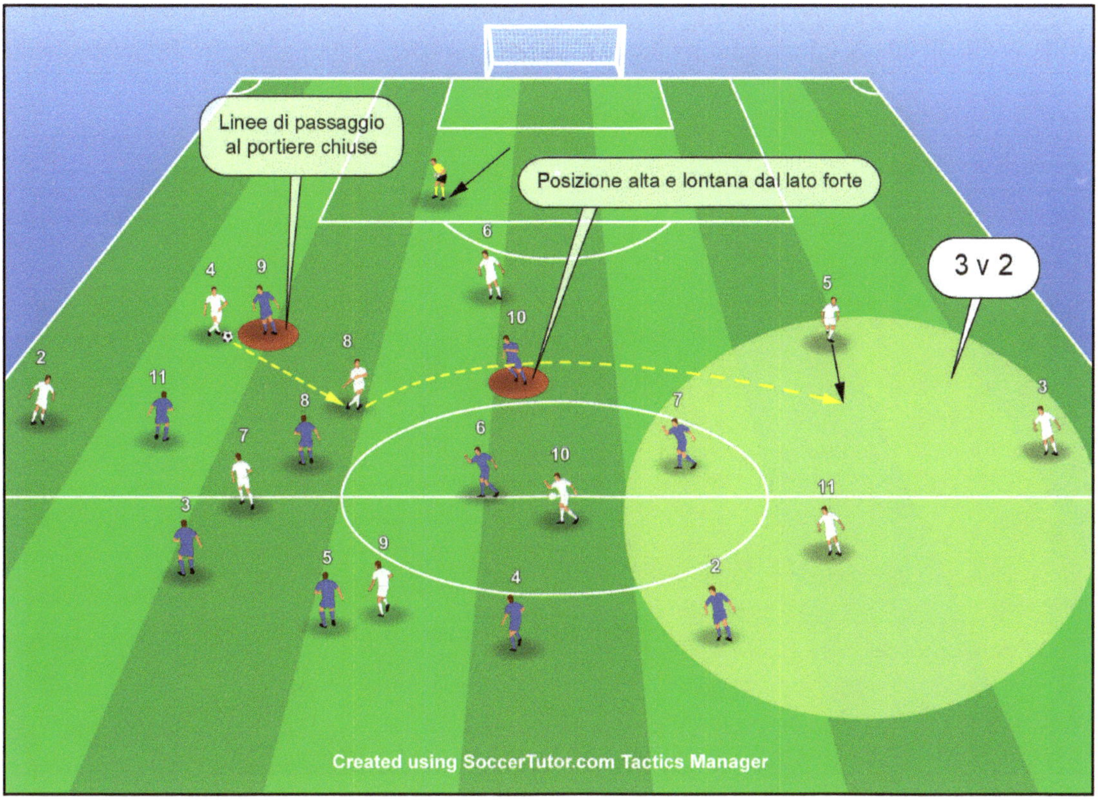

In questa seconda opzione, il centrocampista centrale (8) muove palla verso il lato debole.

L'attaccante blu (9) chiude la linea di passaggio al portiere, ma non quella verso l'interno. La squadra può quindi impiegare il centrocampista centrale (8) per cambiare gioco verso il Num.5 (giocatore obiettivo).

Questa opzione può essere scelta contro due attaccanti, se quello lontano dalla palla, il Num.10, si trova in una posizione avanzata e distante dal lato forte. C'è anche bisogno di spazio sufficiente, tra le linee, per il Num.8, che deve ricevere, girarsi e trasmettere.

MUOVERE PALLA VERSO UN GIOCATORE "OBIETTIVO" SUL LATO DEBOLE

## Opzione 3: utilizzare il centrocampista centrale per cambiare lato, dopo una rapida combinazione di gioco

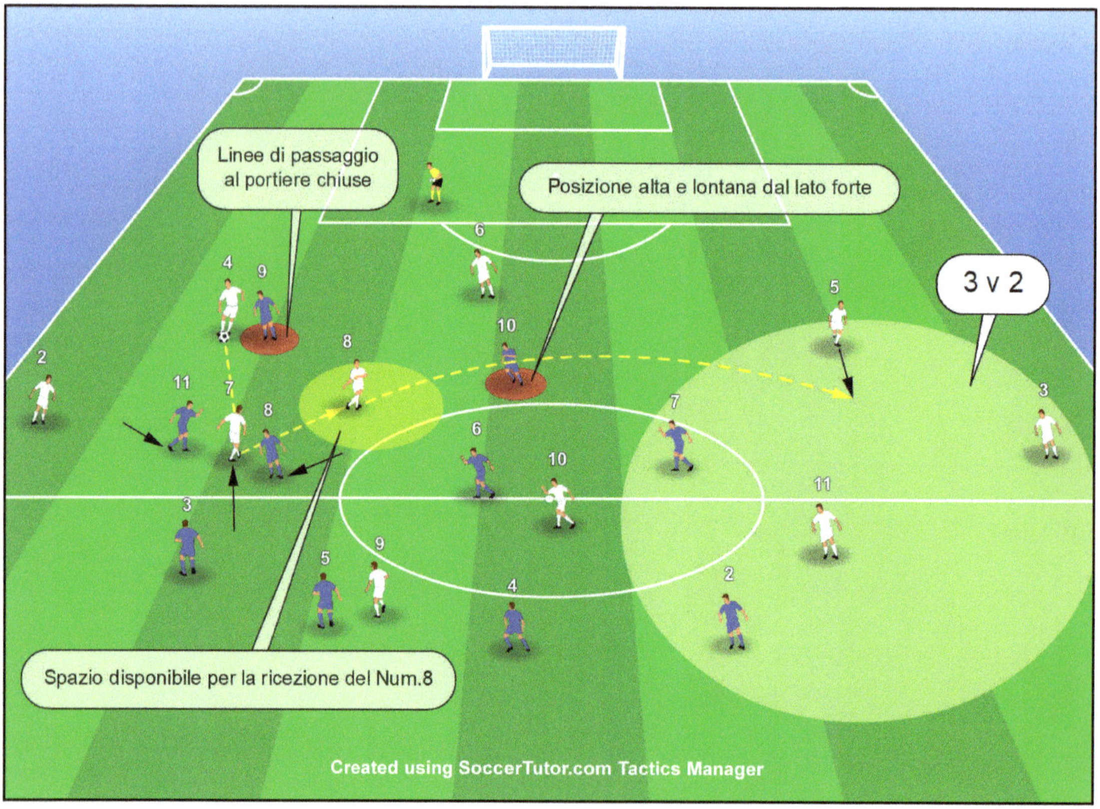

In questa variante, il Num.7 si muove indietro e in una posizione tra le linee per ricevere il passaggio dal Num.4. Questo passaggio tra il Num.11 e il Num.8 avversari, mette i due giocatori fuori dal gioco, mentre si spostano per chiudere gli spazi. Uno spazio viene invece creato per il Num.8, che successivamente riceve e può, quindi, passare di nuovo palla al Num.5.

Il Num.8 non si deve girare, questa volta, perché può ricevere fronte alla porta avversaria e può anche cambiare gioco di prima intenzione.

Se il Num.8 è marcato dal Num.10 blu, il Num.7 può giocare facilmente indietro verso il portiere o al Num.6.

**MUOVERE PALLA VERSO UN GIOCATORE "OBIETTIVO" SUL LATO DEBOLE**

## Opzione 4: se le linee di passaggio indietro al portiere o verso l'interno sono chiuse, il laterale basso diventa il giocatore di collegamento per cambiare lato

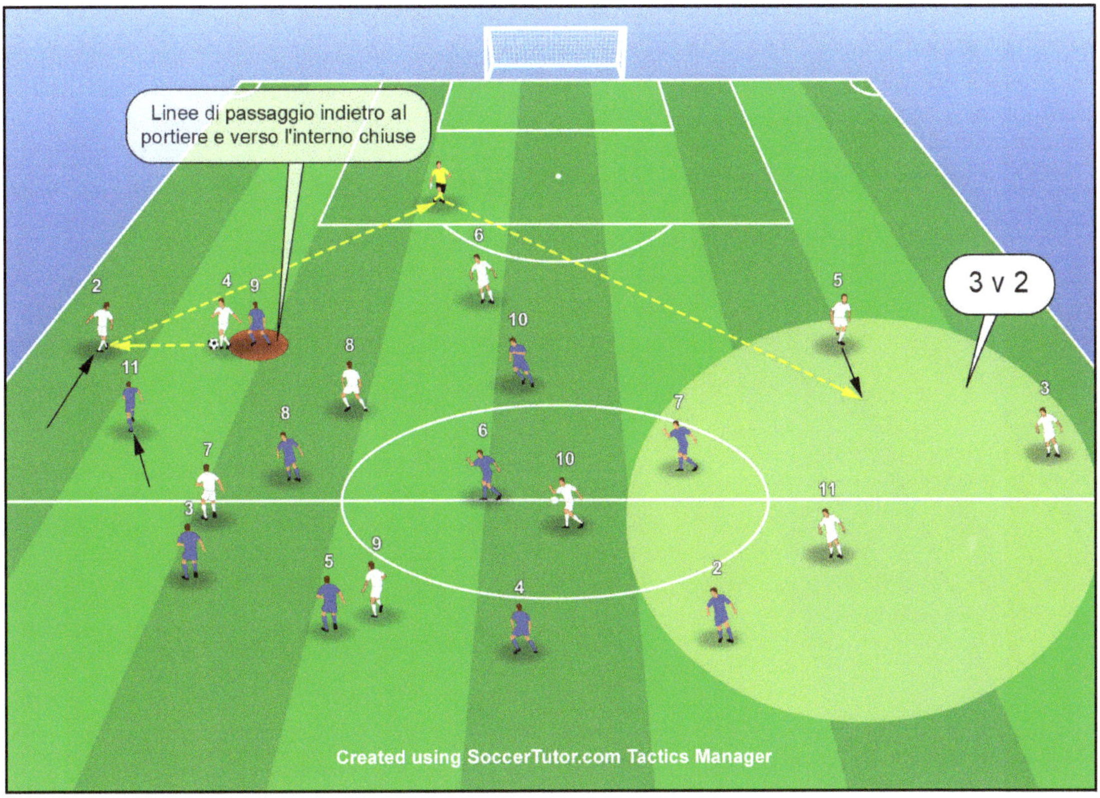

Nell'ultima opzione, l'attaccante blu (9) porta pressione sul Num.4, in modo tale da bloccare il passaggio al portiere e la giocata interna.

Il laterale basso bianco (2) legge la situazione di gioco, quindi si muove indietro per smarcarsi e ricevere il passaggio dal Num.4.

Il laterale basso sinistro (2) diventa il "giocatore di collegamento" e trasmette al portiere, che può cambiare gioco verso il "giocatore obiettivo", il Num.5. In questo modo la squadra ha nuovamente creato una situazione 3 contro 2 vicino alla linea laterale.

# SESSIONE 2

**Dai principi tattici di Marcelo Bielsa**

**Giocare sotto pressione sul lato forte e cambiare lato contro 2 attaccanti**

Sessione per i principi tattici di BIELSA - Giocare sotto pressione sul lato forte e cambiare lato

# SESSIONE DI ALLENAMENTO PER QUESTA SITUAZIONE TATTICA
## 1. Flussi di gioco per la costruzione e il cambio di lato contro 2 attaccanti

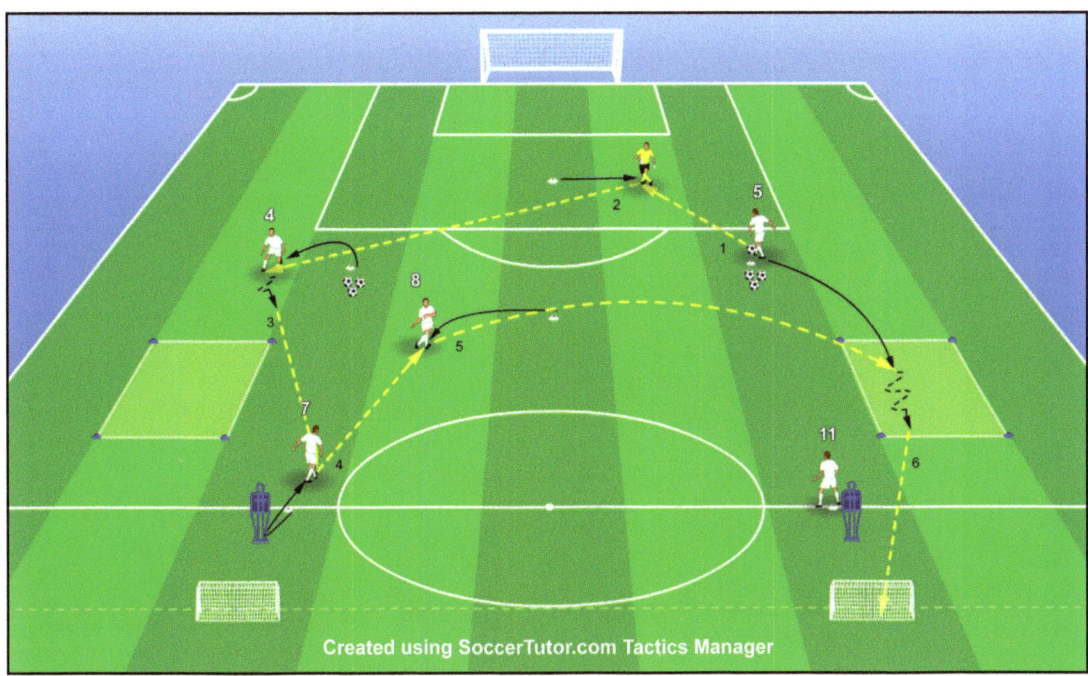

**Obiettivo:** allenare le situazioni di gioco sotto la pressione avversaria sul lato forte e il seguente cambio di lato. L'esercitazione è adattabile a vari tipi di schieramento.

### Descrizione

In un'area complessivamente 10 metri più lunga di una metà campo regolare, agiscono almeno 5, e fino a 10 (2 per ogni posizione), giocatori di movimento. Seguendo i principi per la costruzione di gioco contro i 2 attaccanti di Bielsa, i giocatori si scaglionano in una formazione 2-1-2 dal 3-3-3-1; 2 difensori centrali (4 e 5), 1 centrocampista centrale (8) e 2 centrocampisti offensivi (7 e 11), sulla linea di metà campo. L'esercitazione inizia con il difensore centrale sinistro (5) che trasmette palla al portiere che, a propria volta, passa al difensore centrale destro (4), che si apre, riceve e gioca il passaggio successivo.

Contemporaneamente, l'esterno alto (7) si libera dalla marcatura e trasmette di prima intenzione al centrocampista centrale (8), che fornisce un'opzione di passaggio. Appena il Num.8 riceve, il difensore centrale opposto (5) avanza verso l'area delimitata, riceve il passaggio lungo al suo interno e conclude nelle porticine.

La stessa combinazione viene poi svolta partendo dal passaggio del Num.4 al portiere che, a propria volta, passa palla al Num.5 e infine il Num.11 riceve. Il Num.11 trasmette indietro al centrocampista centrale (8), che cambia il lato di gioco verso il Num.4.

### Attenzione a:
1. I giocatori devono concentrarsi sui tempi di gioco, sincronizzare i movimenti e ricevere palla in movimento.
2. Il centrocampista centrale deve giocare palle lunghe precise all'interno delle aree laterali.

Sessione per i principi tattici di BIELSA - Giocare sotto pressione sul lato forte e cambiare lato

## PROGRESSIONE

## 2. Esercitazione 8 (+portiere) contro 6, per giocare sotto pressione, sul lato forte, contro 2 attaccanti e cambiare lato

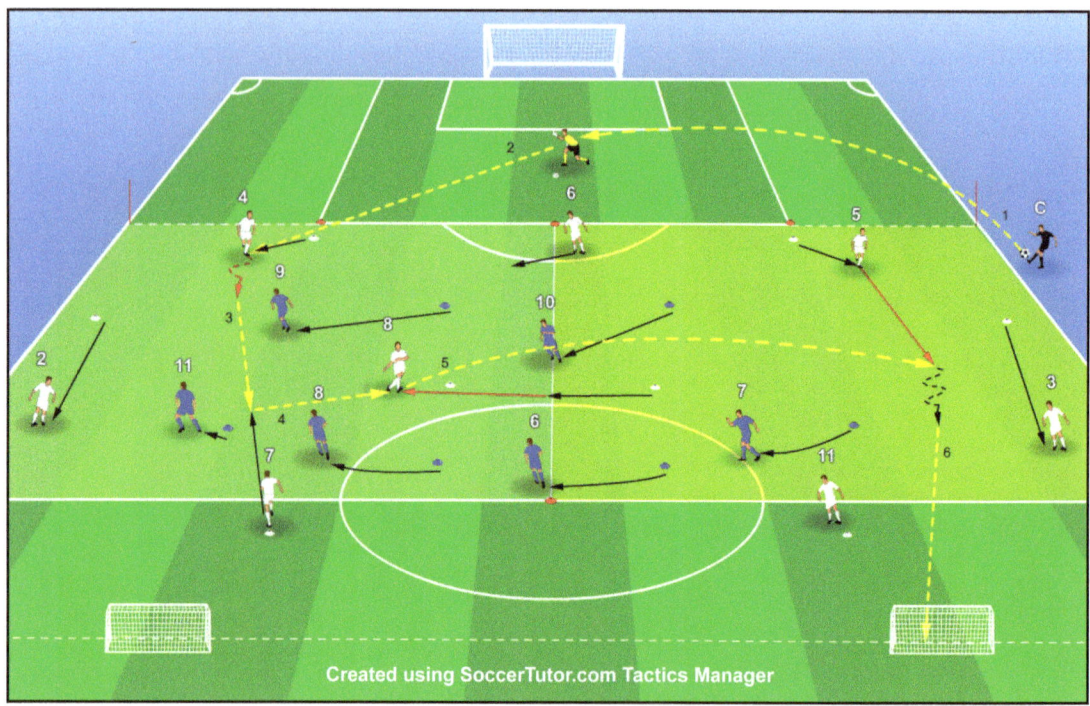

**Obiettivo:** allenare le situazioni di gioco sotto la pressione avversaria sul lato forte e il seguente cambio di lato.

### Descrizione

All'interno di un area corrispondente a 2/3 di un campo regolare, la zona tra la linea di metà campo e l'area di rigore viene divisa in senso verticale e vengono posizionate una porta regolare con un portiere e 2 porticine, come mostrato in figura. La squadra bianca si scagliona sul campo con il 3-3-2, dal 3-3-3-1 di Bielsa e costruisce gioco dal basso; la squadra blu, invece, si schiera con una formazione 4-2, con 2 attaccanti.

L'esercitazione inizia con il passaggio lungo dell'allenatore al portiere; i giocatori bianchi si muovono dai coni e modificano le loro posizioni per contrastare la formazione 4-2 dell'avversario. Il portiere trasmette palla al Num.4 o al Num.5 e l'attaccante più vicino, il Num.9 in figura, porta pressione per impedire una situazione 3 contro 2 su quel lato. Tutti gli altri giocatori blu si spostano verso il lato forte, quello sinistro in figura, dove possono agire in parità o superiorità numerica in zona palla, per impedire il cambio di gioco, conquistare il possesso e segnare entro 8"-10". La squadra bianca deve superare la pressione avversaria con l'aiuto del Num.7, cambiare gioco verso il lato opposto, dove si crea una situazione 2 contro 1 o 3 contro 2 per poi cercare la conclusione.

**Regole:** l'esterno alto blu, il Num.7 in figura, si muove verso l'azione, ma deve restare all'interno del lato debole.

### Attenzione a:

I giocatori devono leggere la situazione di gioco, essere sempre in movimento e trasmettendo palla per cambiare gioco.

# SESSIONE 3

## Dai principi tattici di Marcelo Bielsa

## Cambiare gioco contro 2 attaccanti e sfruttare il vantaggio sul lato debole

Sessione per i principi tattici di BIELSA - Cambiare gioco e sfruttare il vantaggio sul lato debole

# SESSIONE DI ALLENAMENTO PER QUESTA SITUAZIONE TATTICA
## 1. Flussi di gioco per costruzione e cambio di lato contro 2 attaccanti e combinazioni offensive sul lato debole

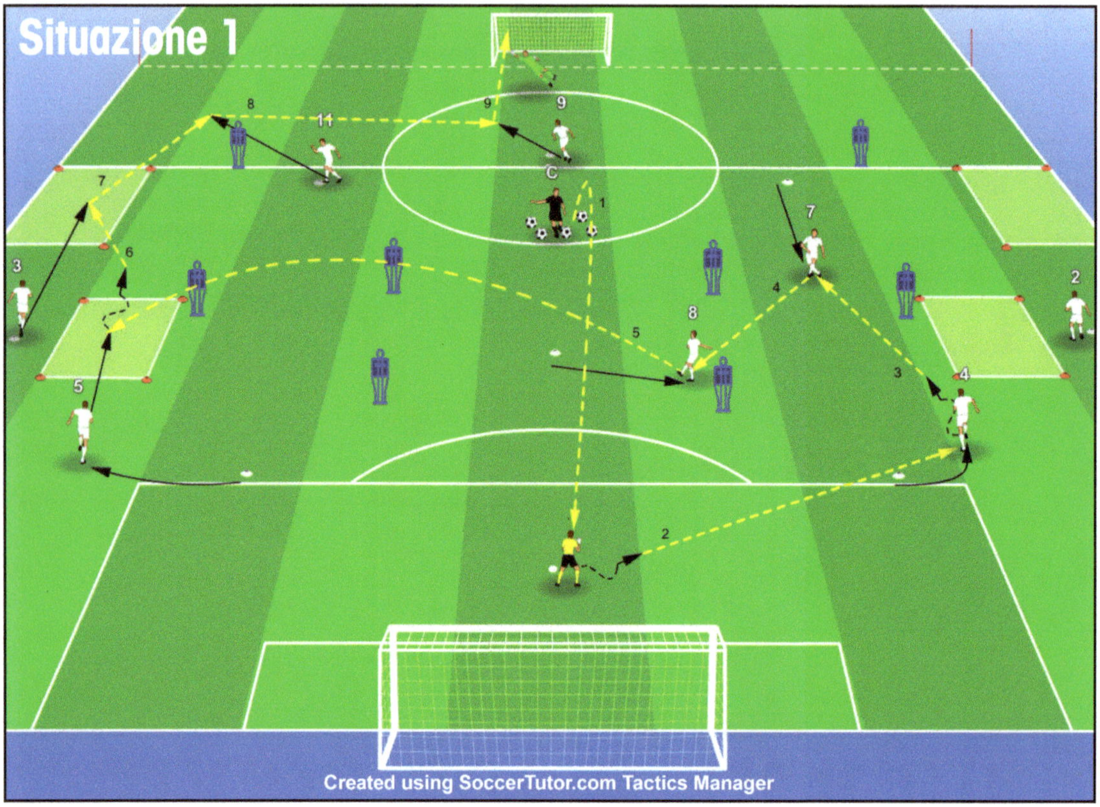

**Situazione 1**

### Descrizione

In un'area complessivamente 15 metri più lunga di una metà campo regolare, vengono posizionate 8 sagome (oppure coni grandi) per rappresentare gli avversari e vengono delimitate 4 aree in ampiezza. Le sagome fungono da linea difensiva a 4 giocatori, centrocampo a 3 e 1 attaccante; 2 portieri difendono le loro porte regolari. L'esercitazione inizia con il passaggio dell'allenatore verso il portiere, che riceve e si sposta verso un lato in direzione della successiva trasmissione ad uno dei difensori centrali, il Num.4 in figura, che si apre. Il giocatore in possesso ha 4 opzioni per cambiare lato:

1. Trasmettere indietro al portiere che funge da 'giocatore di collegamento' *(pagina 40)*.
2. Giocare direttamente al centrocampista centrale (8) *(pagina 41)*.
3. Il centrocampista centrale cambia gioco dopo che l'esterno alto (7) ha agito come 'giocatore di collegamento' *(pagina 42)*.
4. Il laterale basso agisce come 'giocatore di collegamento' per cambiare gioco attraverso il portiere *(pagina 43)*.

La combinazione offensiva è una conseguenza dell'area nella quale viene ricevuto il passaggio. Se è quella più in profondità, situazione 1 nella figura sopra, l'azione si svolge come segue:

**Situazione 1**: il difensore centrale (5) riceve, avanza e passa palla nell'altra area. Il laterale basso si muove in avanti per ricevere il passaggio successivo e il Num.11 si muove, senza palla, alle spalle della sagoma, che funge da difensore, e all'interno della zona di conclusione.

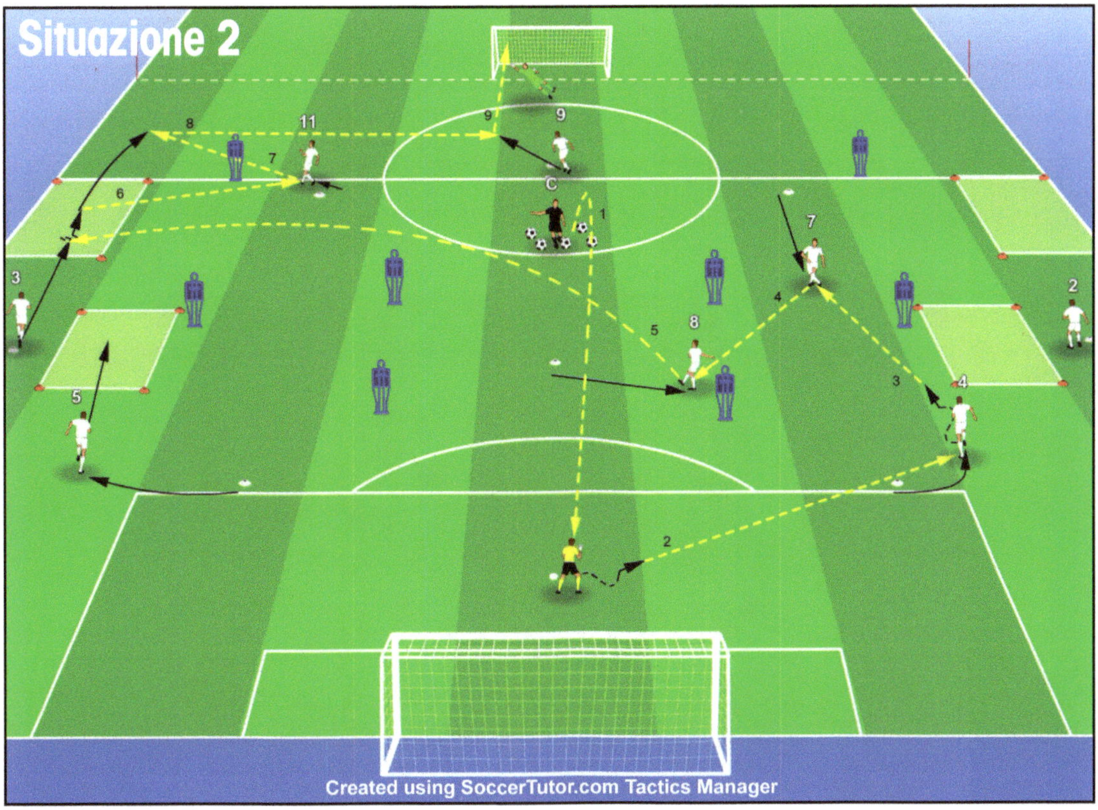

Sessione per i principi tattici di BIELSA - Cambiare gioco e sfruttare il vantaggio sul lato debole

## Situazione 2

**Situazione 2:** in questo esempio, il centrocampista centrale (8) cambia gioco verso una zona più avanzata. Il laterale basso (3) controlla, gioca in combinazione 1-2 con il Num.11 e riceve alle spalle della sagoma che funge da difensore.

**Situazione 3:** l'ultima possibilità vede il laterale basso, il Num.3 in figura, ricevere palla e il Num.11 muoversi in sovrapposizione per ricevere il passaggio *(situazione non compresa nelle immagini)*.

La squadra cerca poi di segnare una rete. L'attaccante (9) si deve muovere con i tempi giusti per concludere.

### Regole:

1. Il cambio di lato dev'essere giocato rapidamente (entro 6"-8" dopo la prima giocata del portiere).
2. Anche la combinazione di gioco sul lato debole dev'essere conclusa entro 6"-8" dalla ricezione del passaggio lungo.

### Attenzione a:

1. I giocatori devono essere attenti ai tempi di gioco, sincronizzare i movimenti e ricevere palla in movimento.
2. Il centrocampista centrale (8) deve trasmettere passaggi lunghi precisi.
3. Tutte le azioni devono essere giocate in velocità.

Sessione per i principi tattici di BIELSA - Cambiare gioco e sfruttare il vantaggio sul lato debole

## PROGRESSIONE

## 2. Esercitazione funzionale al cambio di gioco, contro 2 attaccanti, per sfruttare una situazione di vantaggio sul lato debole

**Obiettivo:** allenare le situazioni di gioco sotto la pressione avversaria, il cambio gioco verso il lato debole e le situazioni offensive 3 contro 2 vicino alla linea laterale.

### Descrizione

All'interno di 2/3 di un campo regolare, vengono posizionate 4 sagome blu, delimitate 2 zone laterali e 1 zona di conclusione. La squadra bianca schiera 9 giocatori di movimento e quella blu 4; 2 portieri difendono le porte regolari posizionate alle due estremità. L'esercitazione inizia con il passaggio dell'allenatore al portiere, che riceve e si sposta verso un lato, in direzione del successivo passaggio al difensore centrale, il Num.4 in figura, che si apre. La palla deve quindi essere giocata vero la zona laterale e i giocatori bianchi, in possesso, devono cambiare gioco verso il lato debole, attraverso una delle combinazioni di gioco sperimentate nell'esercitazione precedente. Se il secondo difensore centrale, il Num. 5 in figura, riceve, la squadra bianca è in superiorità numerica 3 contro 2 nella zona laterale e sul lato debole. Se il laterale basso, il Num.3 in figura, riceve, la squadra bianca può contare su un duello 2 contro 1. L'obiettivo è condurre palla attraverso la linea rossa o ricevere un passaggio oltre di essa, nella zona di conclusione.

**Situazione 1:** in figura, il difensore centrale (5) trasmette al laterale basso (3). L'esterno alto (11) si muove in diagonale alle spalle del laterale basso blu, riceve palla nella zona di conclusione e combina, per segnare una rete, con l'aiuto del Num.9 e del Num.10.

Sessione per i principi tattici di BIELSA - Cambiare gioco e sfruttare il vantaggio sul lato debole

**Situazione 2:** nella situazione 2 (vedi figura sopra), il laterale basso (3) riceve in duello 2 contro 1 e gioca in combinazione 1-2 con l'esterno alto (11), sovrapponendosi per ricevere il passaggio di ritorno, alle spalle del laterale basso blu. Una volta nella zona di conclusione, prova a segnare una rete con l'aiuto del Num.9 e del Num.10.

**Situazione 3:** il laterale basso, il Num.3 in figura, riceve in duello 2 contro 1, attirando il difensore blu Num.2. Il Num.11 si muove in sovrapposizione, all'esterno del compagno, per ricevere alle spalle del difensore *(situazione non compresa nelle immagini)*.

**Regole:**

1. La squadra bianca deve sfruttare la superiorità numerica nella zona laterale entro 6"-8", dal momento in cui viene ricevuto il cambio gioco con palla lunga.
2. I giocatori blu non possono difendere all'interno della zona di conclusione.

**Attenzione a:**

1. La squadra bianca deve leggere la situazione di gioco e proporre la combinazione appropriata per sfruttare la superiorità numerica.
2. Sfruttare rapidamente e in modo efficace la superiorità numerica.

Sessione per i principi tattici di BIELSA - Cambiare gioco e sfruttare il vantaggio sul lato debole

## PROGRESSIONE

## 3. Gioco funzionale al cambio di lato, contro 2 attaccanti, per sfruttare una situazione di vantaggio sul lato debole

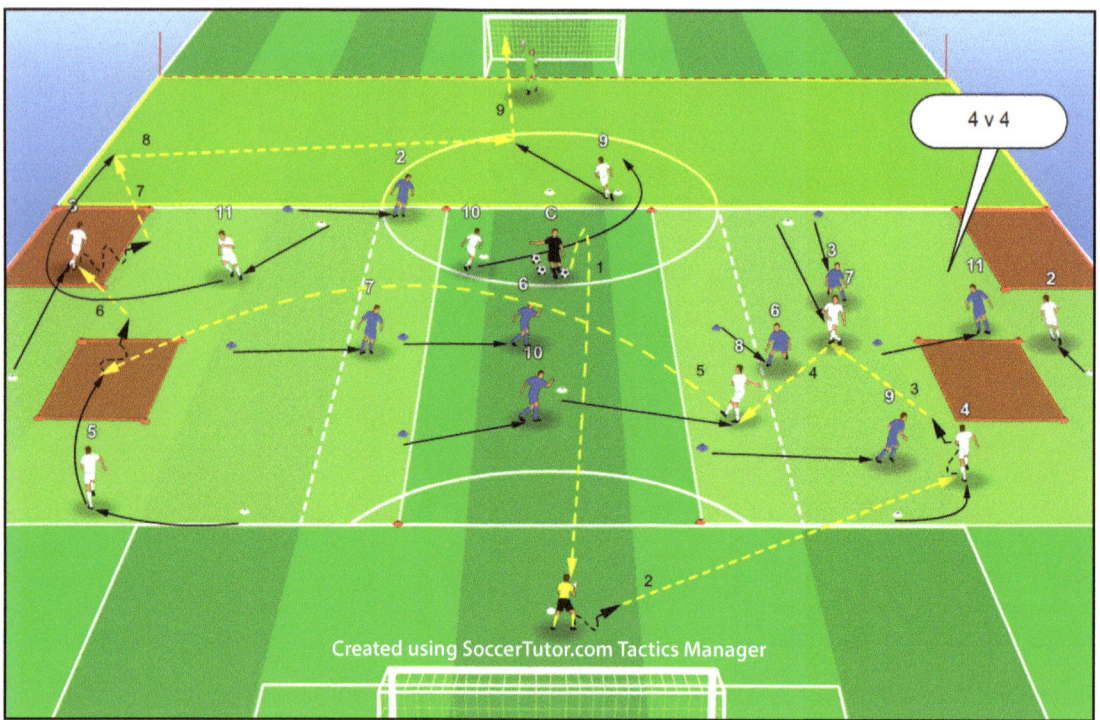

### Descrizione

In questa progressione dell'esercitazione precedente, agiscono ora 9 giocatori di movimento bianchi e 8 blu; 2 portieri difendono le rispettive porte regolari, all'interno di 2 zone di 18 m di lato. Tutti i giocatori iniziano l'esercitazione sui rispettivi coni e si scaglionano di conseguenza alla situazione. L'esercitazione inizia con il passaggio dell'allenatore al portiere, che gioca verso un compagno all'interno di una zona laterale, il Num.4 in figura; si crea così una situazione 4 contro 4 con l'attaccante blu (9) che si porta all'interno. Tutti gli altri giocatori blu si muovono verso questo lato per conquistare palla, contrattaccare e concludere entro 8"-10". La squadra bianca ha letto la situazione di gioco e attacca sul lato forte, conducendo palla nella zona di conclusione o ricevendo un passaggio al suo interno, prima di crossare e segnare; questa sequenza si verifica se la squadra in maglia blu non è organizzata bene difensivamente. Se questa sequenza non è possibile, la squadra bianca deve scegliere l'opzione migliore, descritta nelle precedenti 2 esercitazioni, per cambiare gioco verso il lato debole. I giocatori bianchi possono anche attaccare con le combinazioni descritte, dopo un cambio di gioco, provando a segnare con l'aiuto del Num.9 e del Num.10. La sequenza si svolge su entrambi i lati.

**Regole:** i giocatori blu non difendono sul lato debole o all'interno della zona di conclusione, poiché l'obiettivo dell'esercitazione è allenare la squadra bianca a superare la pressione all'interno del lato forte.

### Attenzione a:

1. La squadra bianca deve leggere la situazione di gioco e scegliere la soluzione per cambiare lato.
2. Le combinazioni di gioco devono essere svolte in velocità.

Sessione per i principi tattici di BIELSA - Cambiare gioco e sfruttare il vantaggio sul lato debole

## PROGRESSIONE

## 4. Partita 11 contro 11 a zone per cambiare gioco, contro 2 attaccanti, e sfruttare una situazione di vantaggio sul lato debole

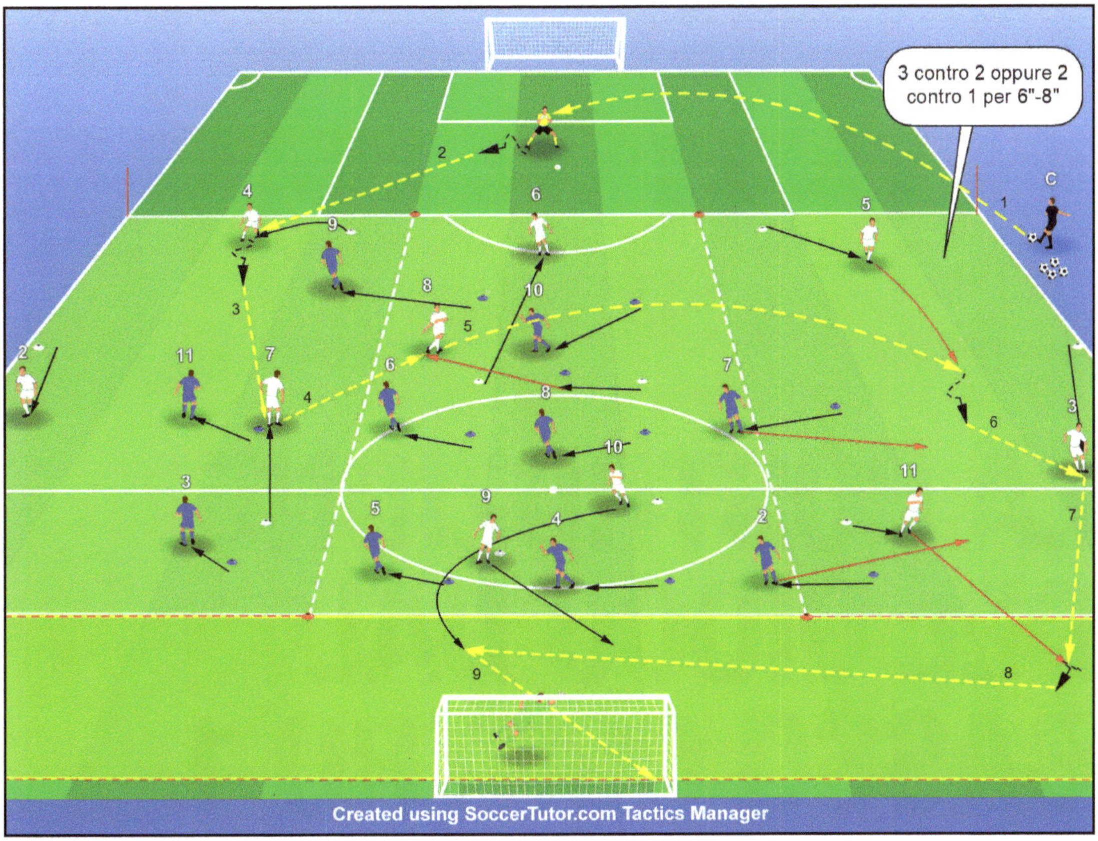

**Obiettivo:** superare la pressione avversaria sul lato forte e sfruttare la superiorità numerica sul lato debole, dopo aver cambiato gioco.

### Descrizione

L'esercitazione finale di questa sessione è una partita 11 contro 11 in un campo con 5 zone delimitate. Le 2 zone di conclusione sono lunghe 18 m e le 3 zone intermedie sono suddivise equamente in verticale. Dopo la ricezione palla del portiere, i giocatori bianchi si scaglionano seguendo il 3-3-3-1 di Bielsa e il difensore centrale riceve. I giocatori blu si spostano verso il lato forte per conquistare il possesso e i bianchi devono trovare una soluzione per attaccare attraverso il lato forte, se l'organizzazione offensiva dell'avversario lo permette, oppure cambiare gioco verso il lato debole, lontano almeno 1/3 del campo, attraverso le opzioni descritte nelle precedenti esercitazioni di questa sessione. Non appena la palla è diretta verso il lato debole, i bianchi devono sfruttare la situazione 3 contro 2 oppure 2 contro 1 entro 6"-8", conducendo palla al di là della linea rossa o ricevendo un passaggio oltre di essa, prima di concludere contro il portiere. Se i blu conquistano il possesso, contrattaccano e cercano di segnare entro 8"-10".

**Regole:** l'esterno alto blu e il laterale basso all'interno del lato debole, 2 e 7 in figura, devono muoversi per entrare nella zona centrale in fase di pressione sul lato forte. I blu non possono difendere all'interno della zona di conclusione.

# CAPITOLO 3

# LA COSTRUZIONE DEL GIOCO DAL BASSO CONTRO 1 ATTACCANTE

# SCAGLIONAMENTO PER LA COSTRUZIONE DI GIOCO CONTRO 1 ATTACCANTE

Quando l'avversario schiera 1 solo attaccante, per esempio nel 4-2-3-1 o 4-3-3, si crea una situazione 2 contro 1 nel primo terzo di campo, come mostrato nella figura di seguito. Quindi, a differenza del precedente capitolo, in cui sono stati analizzate le situazioni con i 2 attaccanti, non è necessario che un centrocampista si porti sulla linea difensiva per creare superiorità numerica. Quindi il 4-2-3-1 iniziale non deve essere riorganizzato in campo.

**Lo scaglionamento del 4-2-3-1 contro 1 attaccante**

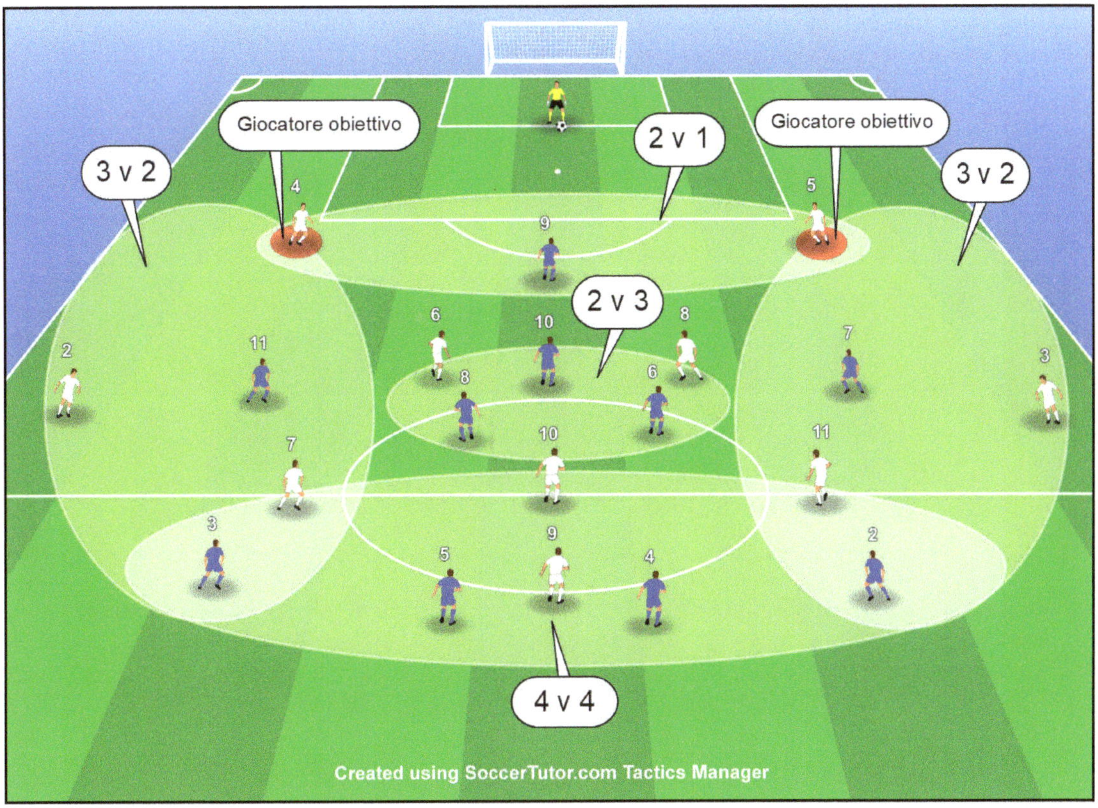

La figura mostra il 4-2-3-1 di Bielsa contro un avversario, la squadra blu, anch'essa schierata con il 4-2-3-1, per dimostrare come costruire gioco contro 1 solo attaccante.

C'è superiorità numerica sulla linea difensiva, 2 contro 1, che favorisce la costruzione di gioco dal portiere senza alcuno scaglionamento differente. Al centro del campo si crea una situazione 2 contro 3 a favore della squadra in difesa, mentre sulla linea offensiva si gioca 4 contro 4.

Le dinamiche di gioco tra le due formazioni, specialmente a centrocampo, dipendono da quanta profondità da, alla propria squadra, il numero 10 avversario.

# LA COSTRUZIONE DEL GIOCO DAL BASSO CONTRO 1 ATTACCANTE

### CONSIDERAZIONI:

1. Data la superiorità numerica 3 contro 2 vicino alle linee laterali, i "giocatori obiettivo", all'interno in fase di costruzione, nel 4-2-3-1 di Bielsa, sono i 2 difensori centrali.

2. È ovvio che se il Num.10 avversario, o il centrocampista più avanzato, mantengono una posizione centrale e in profondità, rendono più difficile giocare palla dalle linee laterali verso l'interno o cambiare gioco, con successo, attraverso un centrocampista centrale. Queste giocate sono molto più semplici contro 2 attaccanti, come mostrato nel precedente capitolo.

LA COSTRUZIONE DEL GIOCO DAL BASSO CONTRO 1 ATTACCANTE

# STEP 1: CREARE UN'OPZIONE DI PASSAGGIO PER IL PORTIERE CONTRO 1 ATTACCANTE

**2 contro 1 nel primo terzo di campo contro 1 attaccante**

La superiorità numerica 2 contro 1 nel primo terzo di campo consente al portiere di avere sempre un'opzione di passaggio disponibile, dato che almeno uno dei difensori centrali si trova smarcato.

Non c'è necessità nè che un centrocampista ripieghi indietro tra i difensori centrali, nè di intraprendere ulteriori azioni collettive.

LA COSTRUZIONE DEL GIOCO DAL BASSO CONTRO 1 ATTACCANTE

# STEP 2: MUOVERE PALLA VERSO UN GIOCATORE LIBERO, OPPURE "OBIETTIVO", CONTRO 1 ATTACCANTE

Quando il portiere è in possesso e la squadra sta giocando contro 1 attaccante avversario, la palla può essere trasmessa direttamente al "giocatore obiettivo". Tuttavia, la superiorità numerica 3 contro 2 vicino alla linea laterale può essere creata solo se il "giocatore obiettivo", il difensore centrale, supera la pressione dell'attaccante (9) o del Num.10, che si trova posizionato in profondità.

### 'Il giocatore obiettivo' riceve e supera la pressione, per creare un duello 3 contro 2, in superiorità numerica, vicino alla linea laterale

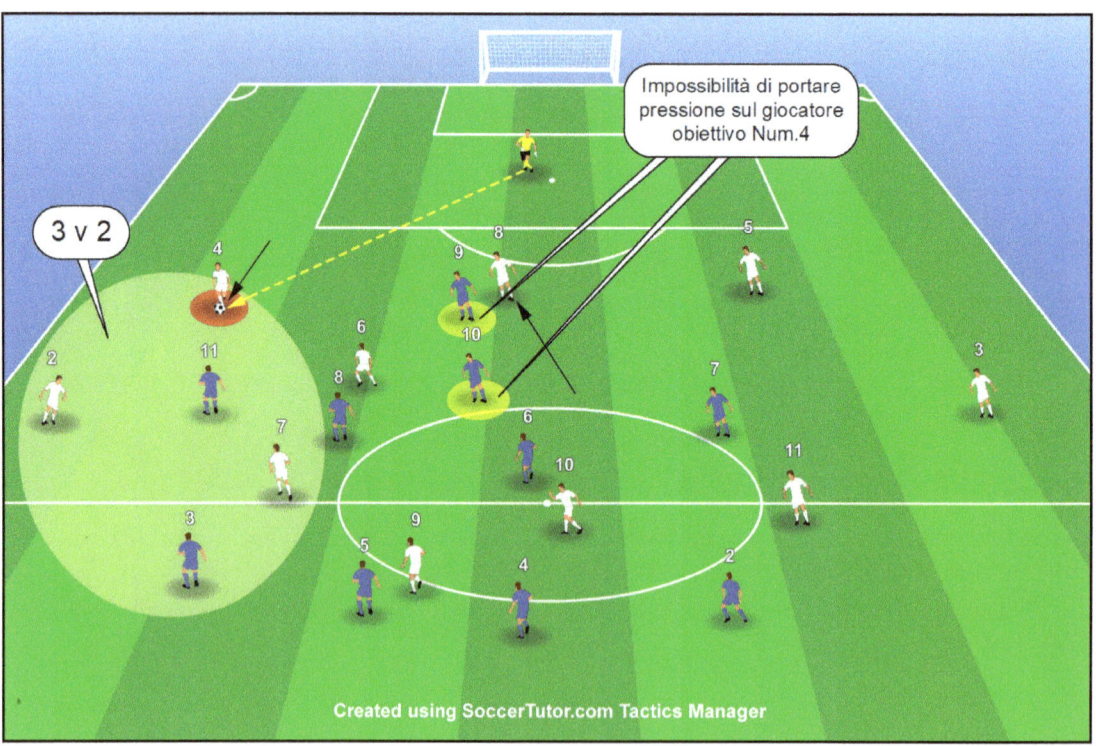

Il difensore centrale (4) riceve palla dal portiere e, poiché sia l'attaccante (9), sia il Num.10, sono troppo distanti per metterlo sotto pressione, viene creata una situazione 3 contro 2 vicino alla linea laterale.

Tuttavia, se il "giocatore obiettivo" riceve, ma il Num.9 e il Num.10 sono in grado di spostarsi rapidamente verso il lato forte, creare superiorità numerica vicino alla linea laterale diventa impossibile; questo è la situazione che viene mostrata nell'esempio della pagina successiva.

# LA COSTRUZIONE DEL GIOCO DAL BASSO CONTRO 1 ATTACCANTE

## L'attaccante avversario mette il 'giocatore obiettivo' sotto pressione e riesce a prevenire la creazione di superiorità numerica 3 contro 2 vicino alle linee laterali

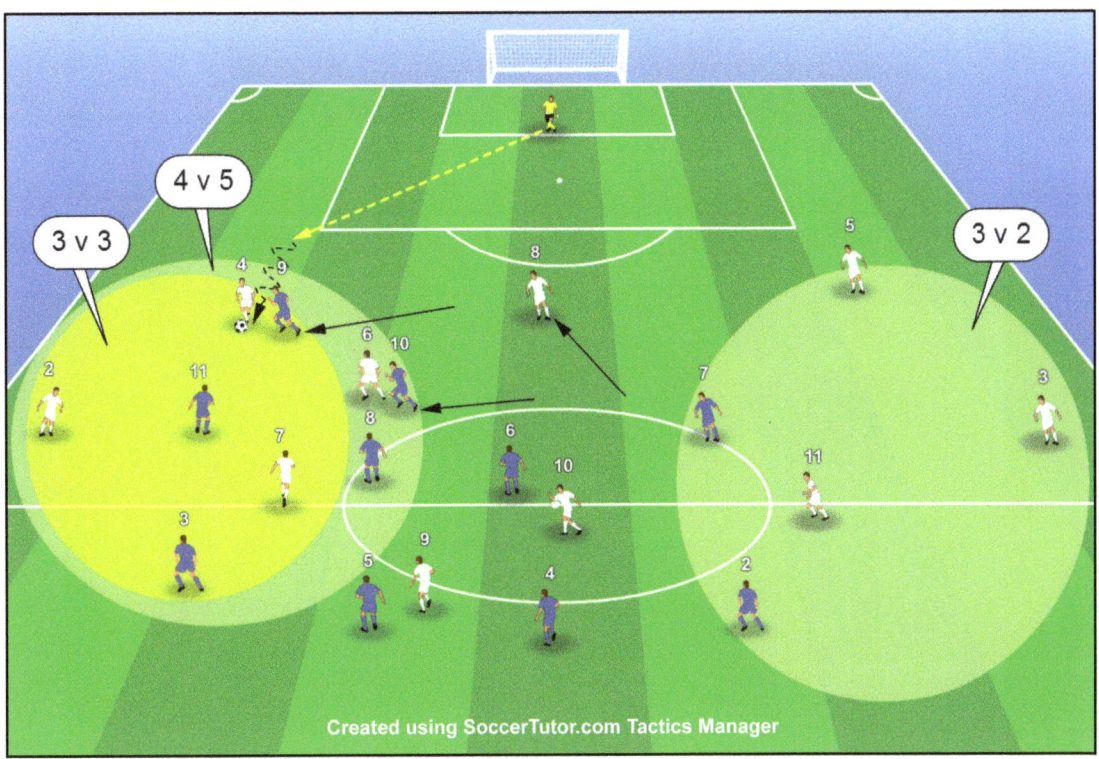

In questo esempio, appena il portiere trasmette palla al difensore centrale (4), l'attaccante (9) e il Num.10 si spostano rapidamente verso il lato palla. L'attaccante blu (9) riesce a raggiungere l'avversario in possesso e lo mette sotto pressione.

Inoltre, il Num.10 si sposta in zona palla, creando un lato forte per la squadra in difesa, con una situazione 3 contro 3 vicino alla linea laterale e un'altra di superiorità numerica, 5 contro 4, vicino alla palla.

Questa situazione rappresenta un problema per le squadre di Bielsa, in fase di costruzione di gioco dal basso. La creazione di superiorità numerica su questo lato è impossibile.

Tuttavia, sul lato debole, il destro in figura, c'è superiorità numerica 3 contro 2, in favore della squadra bianca in possesso; l'obiettivo è ora spostare palla verso l'altro difensore centrale Num.5, il "giocatore obiettivo".

Le diverse opzioni che Bielsa propone, con le proprie squadre, per cambiare gioco verso il Num.5, sono mostrate nel prossimo esempio in figura a **pagina 61**.

# LA COSTRUZIONE DEL GIOCO DAL BASSO CONTRO 1 ATTACCANTE

### CONSIDERAZIONI:

1. Il movimento del centrocampista centrale (8), che si trova lontano dalla palla, è molto importante in questa situazione, poiché ripiega per dare copertura nel caso in cui il possesso sia perso. Inoltre, può agire come potenziale "giocatore di collegamento" per il difensore centrale (4) o per i centrocampisti Num.7 e Num.6, nel caso di un potenziale tentativo di cambiare gioco; nella pagina successiva sono mostrati alcuni esempi di questa situazione.

2. È il centrocampista centrale più vicino al lato debole che ripiega e il numero 8 che torna a dare copertura, in questo esempio. Se fosse il Num.6 a ripiegare indietro, il Num.4 avrebbe una opzione di passaggio in meno.

# LA COSTRUZIONE DEL GIOCO DAL BASSO CONTRO 1 ATTACCANTE

## Opzioni per il cambio di gioco in uno spazio limitato e creazione di superiorità numerica sul lato debole

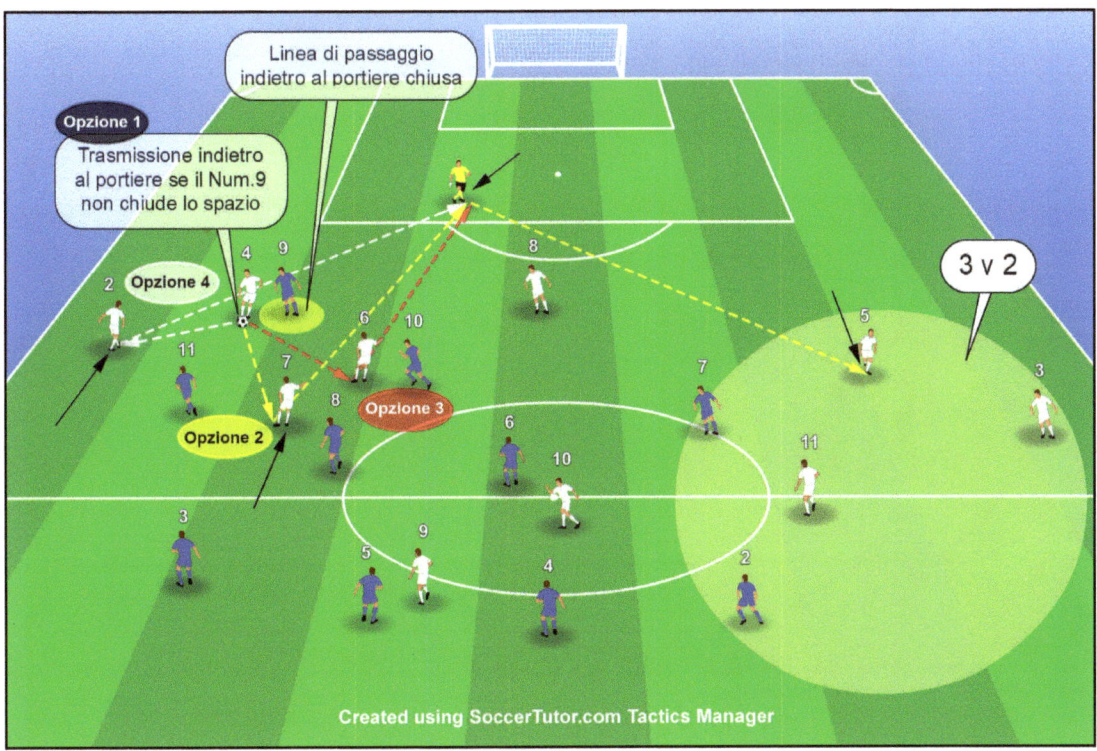

Come già mostrato nella figura precedente, uno dei punti di forza degli schieramenti che prevedono 1 solo attaccante, in fase difensiva vicino alla linea laterale, è la possibilità di creare un lato forte, solo grazie al rapido spostamento in zona palla dell'attaccante (9) e del Num.10.

L'attaccante blu (9) può, potenzialmente, chiudere le linee di passaggio al portiere e, all'interno, per il Num.6. Il Num.10 può impedire la trasmissione della palla dal difensore centrale o dal laterale basso verso il centrocampista centrale (8), che si è mosso indietro per ricevere e cambiare gioco.

Di seguito le 4 opzioni che le squadre di Bielsa propongono per risolvere questa situazione di gioco:

1. Se la linea di passaggio non è bloccata dal Num.9 blu, l'opzione più semplice è trasmettere palla indietro al portiere (*questa situazione non è raffigurata*).

2. Se la linea di passaggio diretta al portiere è bloccata dal Num.9 blu, potrebbe essere potenzialmente possibile giocare verso l'interno. Il Num.7 può diventare un 'giocatore di collegamento' per muovere palla verso il portiere o il Num.8, e rendere più semplice la ricezione del Num.5 e la creazione di superiorità numerica 3 contro 2 vicino alla linea laterale.

3. Questa situazione è simile all'opzione 2, ma il 'giocatore di collegamento è il Num.6, al posto del Num.7.

4. Se il passaggio diretto al portiere e il passaggio interno sono scelte rischiose, la palla può essere trasmessa al portiere attraverso il laterale basso (2), che si muove indietro, riceve e trasmette. Il portiere gioca quindi al Num.5, come nelle precedenti due opzioni.

# SESSIONE 4

**Dai principi tattici di Marcelo Bielsa**

## Giocare sotto pressione sul lato forte e cambiare lato contro 1 attaccante

Sessione per i principi tattici di BIELSA - Giocare sotto pressione sul lato forte e cambio di lato

## SESSIONE DI ALLENAMENTO PER QUESTA SITUAZIONE TATTICA
# 1. Flussi di gioco per costruzione e cambio di lato contro 1 attaccante

**Obiettivo:** allenare i principi tattici per giocare sotto pressione sul lato forte e cambiare lato. L'esercitazione è adattabile a vari tipi di schieramento.

## Descrizione

Questa esercitazione è molto simile a quella presentata a pagina 45; è stata adattata per essere svolta contro 1 attaccante e con 1 centrocampista centrale (6) che si aggiunge e che ripiega per unirsi alla linea difensiva a 3. All'interno di un'area complessivamente 10 m più lunga di una metà campo regolare, vengono coinvolti da 6 fino a 12 giocatori di movimento, schierati in un 2-2-2 dal 4-2-3-1, secondo i principi tattici di Bielsa. I giocatori agiscono come 2 difensori centrali (4 e 5), 2 centrocampisti centrali (6 e 8, uno dei quali arretra) e 2 esterni alti (7 e 11), sulla linea di metà campo. L'esercitazione inizia con il difensore centrale sinistro (5) che trasmette al portiere, il quale, a propria volta, passa palla al centrale destro (4) che si apre e riceve. Il Num.4 effettua la giocata successiva, mentre il Num.6 si muove indietro per mantenere l'equilibrio difensivo. Contemporaneamente, l'esterno alto (7) si libera dalla marcatura e l'altro centrocampista centrale (8) fornisce un'opzione di passaggio; quindi il Num.4, in possesso palla, ha 2 opzioni. Qualsiasi giocatore riceva palla, il Num.6, come mostrato in figura, diventa il ricevente successivo. Appena il Num.6 è in possesso, il difensore centrale opposto (5) avanza, riceve palla lunga all'interno dell'area delimitata e conclude nella porticina. La stessa combinazione viene ripetuta, iniziando dal passaggio del Num.4 al portiere e con il Num.5 come ricevente successivo.

## Attenzione a:

1. I giocatori devono prestare attenzione ai tempi di gioco, sincronizzare i movimenti, e ricevere palla in movimento.
2. Il centrocampista centrale (8) deve giocare palle lunghe precise all'interno delle aree delimitate.

Sessione per i principi tattici di BIELSA - Giocare sotto pressione sul lato forte e cambio di lato

## PROGRESSIONE

## 2. Esercitazione 8 (+ portiere) contro 6, per giocare sotto pressione di 1 attaccante sul lato forte e cambiare lato

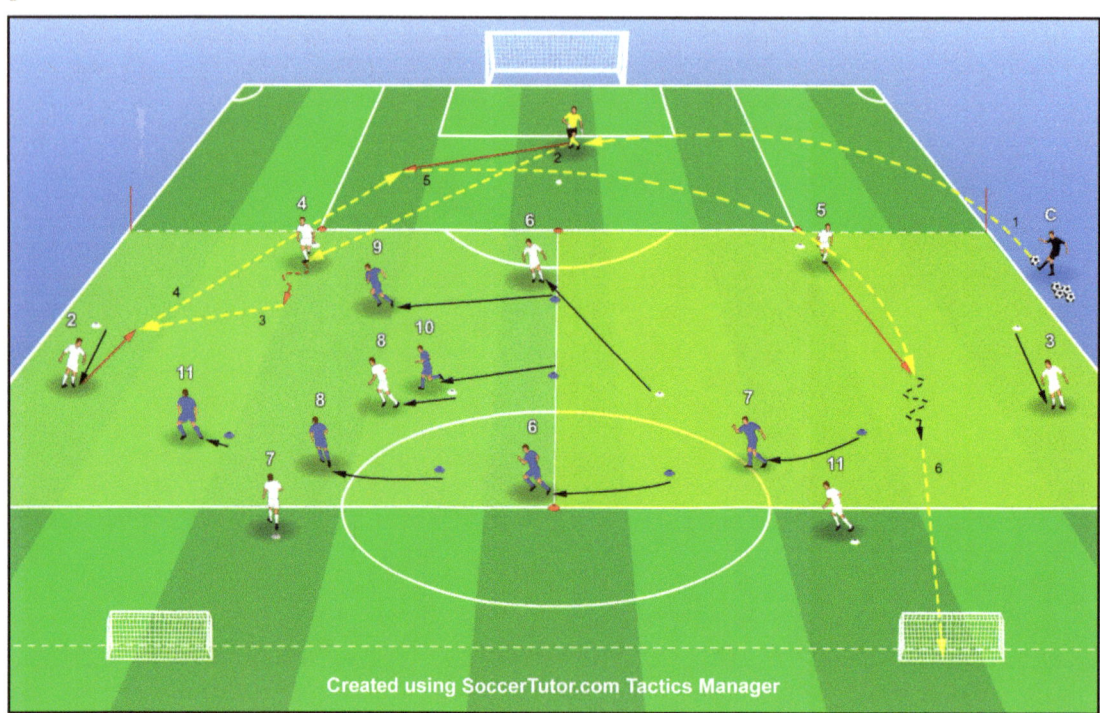

### Descrizione

Questa esercitazione è simile a quella presentata a pagina 46; è stata adattata per essere svolta contro 1 attaccante.

All'interno di 2/3 di un campo regolare, viene delimitata un'area tra la linea di metà campo e l'area di rigore, viene utilizzata la porta regolare difesa dal portiere e posizionate 2 porticine all'estremità opposta, come mostrato in figura. La squadra bianca si schiera con una formazione 4-2-2 e si scagliona con il 3-3-2, quando il Num.6 ripiega in copertura; la squadra blu, invece, si schiera con una formazione 2-3-1 (1 attaccante). L'esercitazione inizia con una palla lunga dell'allenatore verso il portiere e i giocatori bianchi che si muovono dai coni di partenza, scaglionandosi per contrastare la formazione 2-3-1 avversaria. Il portiere gioca palla al Num.4 o al Num.5, mentre il Num.6 si muove indietro per mantenere l'equilibrio; l'attaccante blu (9) porta pressione per evitare la creazione di una situazione 3 contro 2 su quel lato. Il resto dei giocatori blu si muove verso il lato forte, in cui c'è parità o superiorità numerica in zona palla, per impedire il cambio di gioco, conquistare il possesso e concludere entro 8"-10". La squadra bianca deve trovare una soluzione per cambiare gioco verso il lato opposto, dove possono agire in situazione 2 contro 1. Le 3 differenti opzioni per il Num.4 sono quelle analizzate a pagina 61:

1. Giocata diretta al portiere che trasmette al Num.5.
2. Trasmissione palla in avanti al Num.7, che gioca indietro al portiere.
3. Giocata interna al Num.8, che trasmette palla indietro al portiere.

**Nota** - Il Num.6 può anche cambiare gioco, se la linea di passaggio è utilizzabile (come mostrato nell'esercitazione precedente).

# SESSIONE 5

## Dai principi tattici di Marcelo Bielsa

# Cambiare gioco contro 1 attaccante e sfruttare una situazione di vantaggio sul lato debole

Sessione per i principi tattici di BIELSA - Cambiare gioco e sfruttare una situazione di vantaggio

## SESSIONE DI ALLENAMENTO PER QUESTA SITUAZIONE TATTICA
# 1. Flussi di gioco per la costruzione di gioco, il cambio di lato contro 1 attaccante e combinazioni offensive

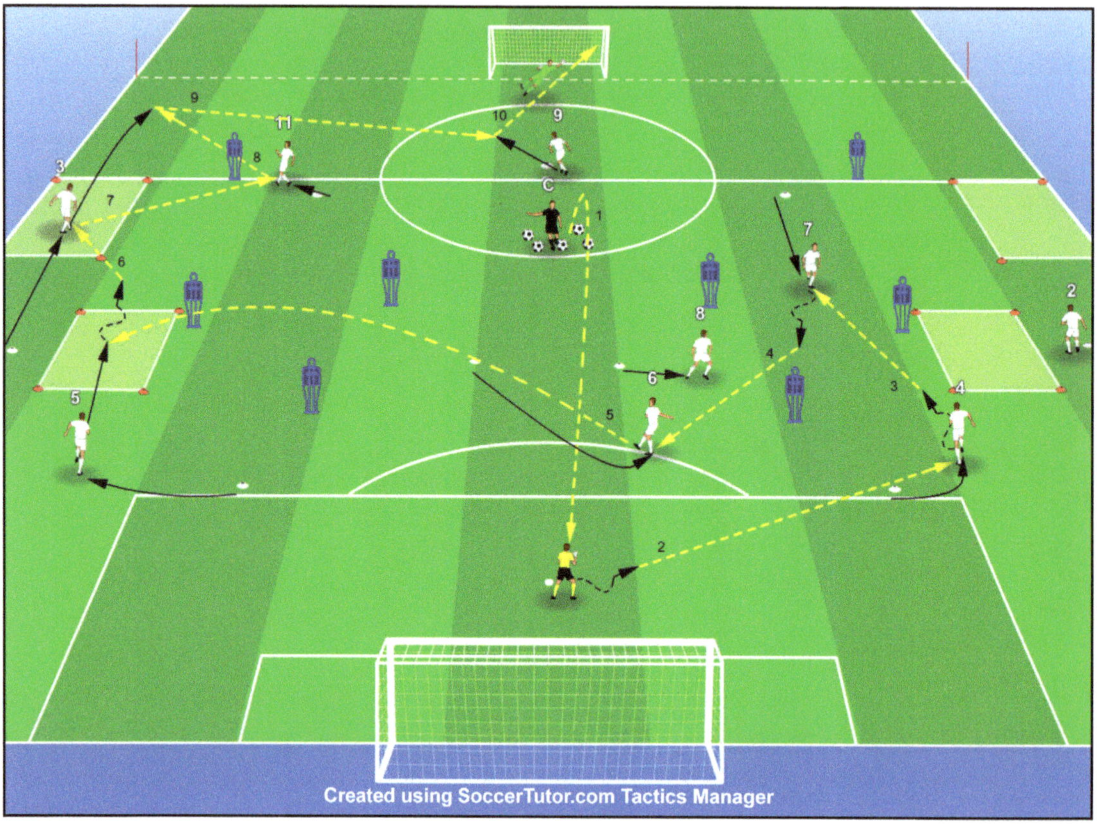

### Descrizione

Questa esercitazione è una variante di quella presentata a *pagina 48*, adattata per essere svolta contro 1 attaccante e con 1 centrocampista centrale che si aggiunge. L'esercitazione inizia con il passaggio dell'allenatore al portiere, che riceve e si muove verso un lato, in direzione della successiva trasmissione al difensore centrale, il Num.4 in figura, che si apre per cambiare il gioco. Il difensore in possesso ha 4 opzioni possibili:

1. Se la linea di passaggio non è chiusa, la giocata indietro al portiere, che funge da 'giocatore di collegamento', per cambiare gioco nello spazio verso il Num.5, è l'opzione più semplice *(vedi l'analisi a pagina 61)*.
2. Se la linea di passaggio al portiere è chiusa, l'esterno alto, il Num.7, si muove indietro e agisce come 'giocatore di collegamento' per cambiare gioco, attraverso il portiere oppure il centrocampista centrale Num.6 *(vedi l'analisi a pagina 61 e la figura sopra)*.
3. Questa situazione è la stessa della precedente, ma il centrocampista centrale Num.8 agisce come 'giocatore di collegamento' per cambiare gioco, attraverso il portiere oppure il Num.6 *(vedi l'analisi a pagina 61)*.
4. Se il passaggio indietro al portiere oppure quello interno sono troppo rischiosi, il laterale basso, il Num.2 in figura, si muove indietro e agisce come 'giocatore di collegamento' per cambiare gioco attraverso il portiere *(vedi l'analisi a pagina 61)*.

**Sessione per i principi tattici di BIELSA - Cambiare gioco e sfruttare una situazione di vantaggio**

La combinazione offensiva da proporre dipende dall'area nella quale viene ricevuta palla. Le 3 diverse situazioni sono le seguenti:

**Situazione 1:** il difensore centrale (5) riceve nella zona più in profondità, avanza e trasmette nell'altra area. Il laterale basso si muove in avanti per ricevere il passaggio successivo e il Num.11 si muove alle spalle della sagoma, che funge da difensore, e all'interno della zona di conclusione.

**Situazione 2:** come mostrato in figura, il centrocampista centrale Num.6, oppure il portiere, cambiano gioco. Il laterale basso (3) riceve dal difensore centrale, il Num.5, o direttamente dal cambio di lato, e combina 1-2 con il Num.11, ricevendo il passaggio di ritorno alle spalle della sagoma, che funge da difensore.

**Situazione 3:** l'ultima possibilità è la ricezione palla da parte del laterale basso, il Num.3 in figura, e il Num.11 che si sovrappone per ricevere alle spalle (situazione non raffigurata).
La squadra quindi prova concludere in porta. L'attaccante (9) si deve muovere con i tempi giusti per cercare di concludere.

**Regole:**
1. Il cambio di gioco deve essere eseguito in velocità (entro 6" - 8" dal momento in cui il portiere effettua il primo passaggio).
2. Anche la combinazione di gioco sul lato debole deve essere completata entro 6"-8" dal momento in cui viene ricevuto il passaggio lungo.

**Attenzione a:**
1. I giocatori devono prestare attenzione ai tempi di gioco, muoversi in modo sincronizzato e ricevere palla in movimento.
2. Il centrocampista centrale deve giocare passaggi lunghi precisi.
3. Tutte le azioni devono essere svolte in velocità.

Sessione per i principi tattici di BIELSA - Cambiare gioco e sfruttare una situazione di vantaggio

## PROGRESSIONE

## 2. Esercitazione funzionale al cambio di gioco, contro 1 attaccante, per sfruttare una situazione di vantaggio sul lato debole

### Descrizione

All'interno di 2/3 di un campo regolare, vengono posizionate 4 sagome blu e vengono delimitate 2 zone laterali e 1 zona di conclusione. La squadra bianca schiera 10 giocatori di movimento e 4 quella blu con 2 portieri a protezione di 2 porte regolari, posizionate alle estremità. L'esercitazione inizia con il passaggio dell'allenatore al portiere, che riceve, si muove verso un lato, prima di trasmettere verso un difensore centrale, il Num.4 in figura, che si apre per ricevere. La palla dovrebbe quindi essere giocata verso la zona laterale e la squadra bianca deve cercare il cambio gioco verso il lato debole, attraverso una delle combinazioni descritte nell'esercitazione precedente *(vedi anche l'analisi a pagina 61)*. Se il difensore centrale, il Num. 5 in figura, riceve palla dopo un cambio di gioco, la squadra bianca è in superiorità numerica 3 contro 2 nella zona laterale del lato debole. Se riceve il laterale basso, il Num.3 in figura, la squadra gioca in situazione di vantaggio 2 contro 1. L'obiettivo è condurre palla attraverso la linea rossa o ricevere un passaggio nella zona di conclusione per concludere.

Tre diverse combinazioni offensive sono possibili:

1. Il laterale basso (3) riceve dal difensore centrale (5) e l'esterno alto (11) si muove in diagonale alle spalle.
2. Il laterale basso (3) riceve dal difensore centrale (5) e gioca in combinazione 1-2 con l'esterno alto (11), ricevendo il passaggio di ritorno nella zona di conclusione, dopo un movimento in sovrapposizione, per sfruttare la situazione 2 contro 1.

# Sessione per i principi tattici di BIELSA - Cambiare gioco e sfruttare una situazione di vantaggio

3. Il laterale basso, il Num.3 in figura, riceve palla in una situazione 2 contro 1 e attira il difensore blu Num.2. Il Num.11 bianco si sovrappone all'esterno del compagno, il laterale basso, per ricevere alle spalle dell'avversario (situazione non raffigurata).

## Regole:

1. La squadra bianca deve sfruttare la superiorità numerica nella zona laterale entro 6"-8" dal momento in cui viene ricevuto il cambio di gioco con palla lunga.
2. I blu non possono difendere all'interno della zona di conclusione.

## Attenzione a:

1. I giocatori bianchi devono leggere la situazione tattica e proporre la combinazione appropriata per sfruttare la superiorità numerica.
2. Sfruttare la superiorità numerica in modo rapido ed efficiente.

Sessione per i principi tattici di BIELSA - Cambiare gioco e sfruttare una situazione di vantaggio

## PROGRESSIONE

### 3. Gioco funzionale al cambio di lato, contro 1 attaccante, per sfruttare una situazione di vantaggio sul lato debole

### Descrizione

In questa progressione dell'esercitazione precedente, partecipano 10 giocatori bianchi e 8 giocatori blu di movimento. 2 portieri proteggono porte regolari, all'interno di zone di 18 m per lato; tutti i giocatori iniziano sui rispettivi coni. L'esercitazione inizia con il passaggio dell'allenatore al portiere, che trasmette al difensore centrale all'interno di una zona laterale, il Num.4 in figura; c'è una situazione di svantaggio numerico 4 contro 5 per la squadra in possesso, dato che il Num.9 e il Num.10 avversari si spostano all'interno. Anche tutti gli altri giocatori blu si portano sul lato forte per conquistare palla, e contrattaccare entro 8"-10". La squadra bianca deve leggere la situazione tattica e attaccare sul lato forte, conducendo palla nella zona di conclusione o con un giocatore che riceve un passaggio al suo interno, prima di condurre al di là e concludere; questo è lo sviluppo nel caso in cui la squadra blu non sia organizzata bene difensivamente. Se non è possibile, la squadra bianca può proporre le opzioni descritte nelle precedenti 2 esercitazioni, per cambiare il gioco verso il lato debole, così come tutte le combinazioni offensive per cercare di concludere e segnare una rete con l'aiuto del Num.9 e del Num.10. La sequenza deve essere svolta su entrambi i lati.

**Regole:** il portiere deve giocare palla verso il lato in cui si trova il Num.9 blu; il Num.10 blu parte dal centro. I giocatori blu non possono difendere sul lato debole o all'interno dell'area di conclusione.

Sessione per i principi tattici di BIELSA - Cambiare gioco e sfruttare una situazione di vantaggio

## PROGRESSIONE

### 4. Partita 11 contro 11 a zone, per cambio gioco contro 1 attaccante e sfruttamento di una situazione di vantaggio sul lato debole

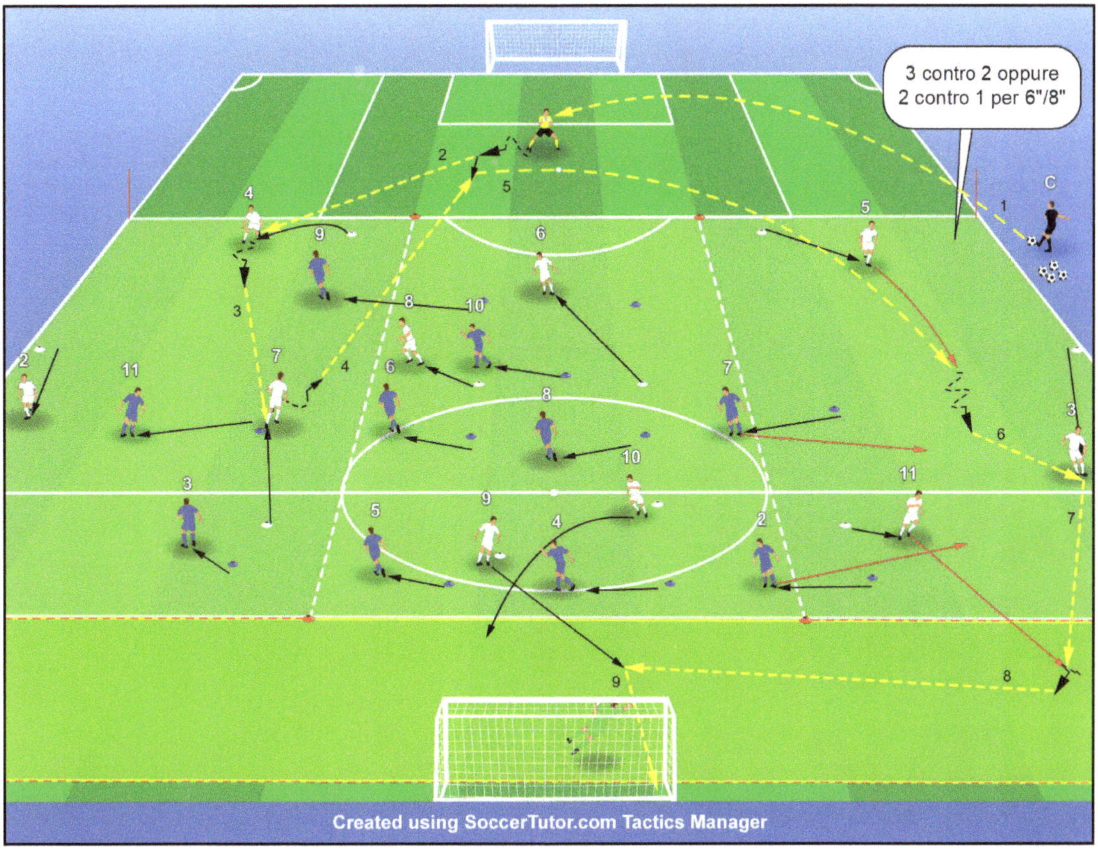

### Descrizione

Nell'esercitazione finale di questa sessione, si gioca una partita 11 contro 11, su un campo diviso in 5 zone. Le 2 zone di conclusione sono lunghe 18 m e le 3 zone intermedie sono equamente suddivise in senso verticale. Il portiere riceve, i giocatori bianchi si scaglionano e il difensore centrale riceve a propria volta; il centrocampista centrale bianco sul lato debole, il Num.6 in figura, si muove indietro per dare equilibrio ed essere una possibile opzione per cambiare lato di gioco. I giocatori blu si spostano verso il lato forte per conquistare il possesso, mentre la squadra bianca cerca il cambio di gioco verso il lato debole, saltando almeno 1/3 del campo, attraverso le opzioni descritte nelle precedenti esercitazioni di questa sessione. Non appena la palla è diretta sul lato debole, i giocatori bianchi devono sfruttare la superiorità numerica 3 contro 2 o 2 contro 1 entro 6"-8", per poter condurre palla attraverso la linea rossa o ricevere nella zona di conclusione e segnare contro il portiere. Se i blu conquistano il possesso, possono contrattaccare per concludere entro 8"-10".

**Regole:** il portiere deve giocare palla verso il lato in cui si trova il Num.9 blu, mentre il Num.10 blu parte dal centro. L'esterno alto e il laterale basso blu sul lato debole, Num.2 e Num.7 in figura, dovrebbero muoversi per entrare nella zona centrale, in fase di pressione verso il lato forte. I giocatori blu non possono difendere all'interno della zona di conclusione.

# CAPITOLO 4

# CREARE E SFRUTTARE SITUAZIONI 3 CONTRO 2 VICINO ALLA LINEA LATERALE

CREARE E SFRUTTARE SITUAZIONI 3 CONTRO 2 VICINO ALLA LINEA LATERALE

# STEP 3: CREARE SUPERIORITÀ NUMERICA VICINO ALLA LINEA LATERALE

Questo terzo step 'creare superiorità numerica vicino alla linea laterale' è in relazione con la 'creazione di un'opzione di passaggio libera per il portiere', analizzata nel primo step. Appena il 'giocatore obiettivo' riesce a superare la pressione del più vicino fra gli attaccanti, oppure fra l'attaccante e il Num.10, si crea una situazione 3 contro 2 vicino alla linea laterale.

## Creare superiorità numerica vicino alla linea laterale con il 4-2-3-1 contro 2 attaccanti

In questo esempio, il difensore centrale (5) ha ricevuto palla e conduce in avanti, mentre il centrocampista centrale Num.6 si è mosso indietro per dare copertura.

L'attaccante avversario sul lato forte, il Num.10 blu, è troppo lontano per portare pressione sul portatore di palla, quindi la squadra è in superiorità numerica 3 contro 2, vicino alla linea laterale, come mostrato in figura.

Contemporaneamente, i giocatori bianchi nel primo terzo di campo (6, 4 e 2) si muovono verso il lato forte, creando un duello 3 contro 2 che garantisce equilibrio in caso di perdita del possesso palla.

CREARE E SFRUTTARE SITUAZIONI 3 CONTRO 2 VICINO ALLA LINEA LATERALE

## Creare superiorità numerica vicino alla linea laterale con il 4-2-3-1 contro 1 attaccante

Questa variante dell'esempio precedente, vede la squadra avversaria schierata con 1 solo attaccante.

In questa situazione, se l'attaccante Num.9 e il Num.10 blu sono troppo lontani dall'avversario per poter portare pressione, la stessa superiorità numerica 3 contro 2 può essere creata vicino alla linea laterale, come mostrato in figura.

Il centrocampista centrale Num. 6 si muove indietro per coprire il Num.5 mentre avanza, assicurando copertura difensiva.

CREARE E SFRUTTARE SITUAZIONI 3 CONTRO 2 VICINO ALLA LINEA LATERALE

# STEP 4: SFRUTTARE LA SUPERIORITÀ NUMERICA

Dopo aver creato una situazione 3 contro 2 vicino alla linea laterale, i principi di gioco di Bielsa prevedono lo sfruttamento di questo vantaggio per muovere palla verso il giocatore "libero", attraverso posizionamenti intelligenti, corretti processi decisionali e precisione nei passaggi. Le seguenti opzioni possono essere adattate a tutti gli schieramenti

## Opzione 1(a): trasmissione palla diretta al laterale basso smarcato, vicino alla linea laterale

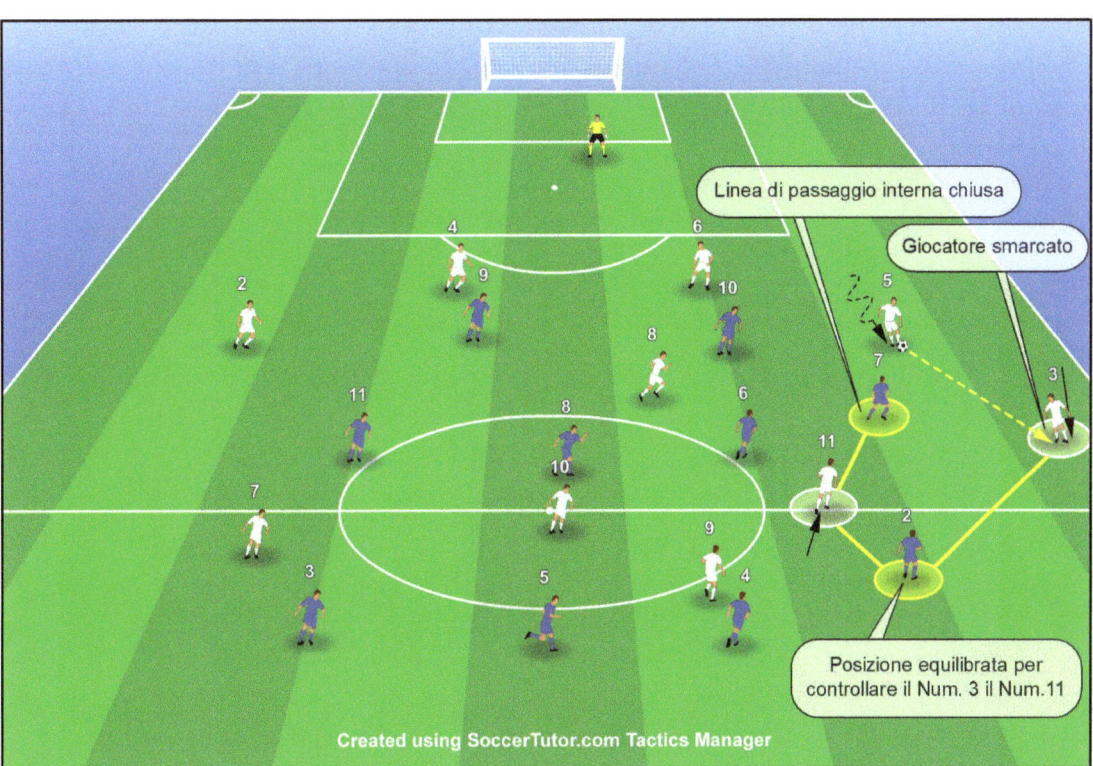

In questo esempio, l'esterno alto (11) è già in posizione centrale e si muove con l'angolo di corsa appropriato per creare un'opzione di passaggio. Il laterale basso sinistro (3) si trova in una posizione efficace e con un corretto angolo, che rende impossibile, all'esterno alto Num.7 blu, la chiusura di entrambe le opzioni di passaggio al giocatore in possesso(5).

Il centravanti (5) deve decidere quale sia la migliore opzione di passaggio in base al posizionamento del Num.7 blu; se quest'ultimo decide di portare pressione per chiudere la linea passaggio interna verso il Num.11 bianco, il passaggio verso il laterale basso sinistro smarcato (3) diventa semplice, come mostrato nella figura sopra.

**CREARE E SFRUTTARE SITUAZIONI 3 CONTRO 2 VICINO ALLA LINEA LATERALE**

# Opzione 1(b): sfruttare una situazione 2 contro 1, attraverso il movimento dell'esterno alto, alle spalle del laterale basso

Questa figura rappresenta lo sviluppo della situazione di gioco precedente. Appena il laterale basso sinistro (3) riceve palla, ha tempo e spazio per condurre in avanti. Questa azione crea superiorità numerica 2 contro 1 nei pressi della linea laterale e superiorità 5 contro 4 in fase offensiva.

L'obiettivo della squadra è attaccare rapidamente, da qui in poi, per impedire ai centrocampisti avversari di avere abbastanza tempo per ripiegare in aiuto ai difensori.

Data la situazione 2 contro 1 nella zona in evidenza, il laterale basso destro blu (2) deve muoversi in avanti per contrastare il portatore del pallone; l'esterno alto (11) legge la situazione si muove senza palla in diagonale per ricevere alle spalle dell'esterno basso blu, come mostrato in figura.

In questa situazione, un passaggio riuscito verso l'esterno alto (11) può portare a creare un'occasione da goal.

**CREARE E SFRUTTARE SITUAZIONI 3 CONTRO 2 VICINO ALLA LINEA LATERALE**

## Opzione 1(c): l'esterno alto sfrutta lo spazio creato al centro, attraverso il movimento in ampiezza dell'attaccante

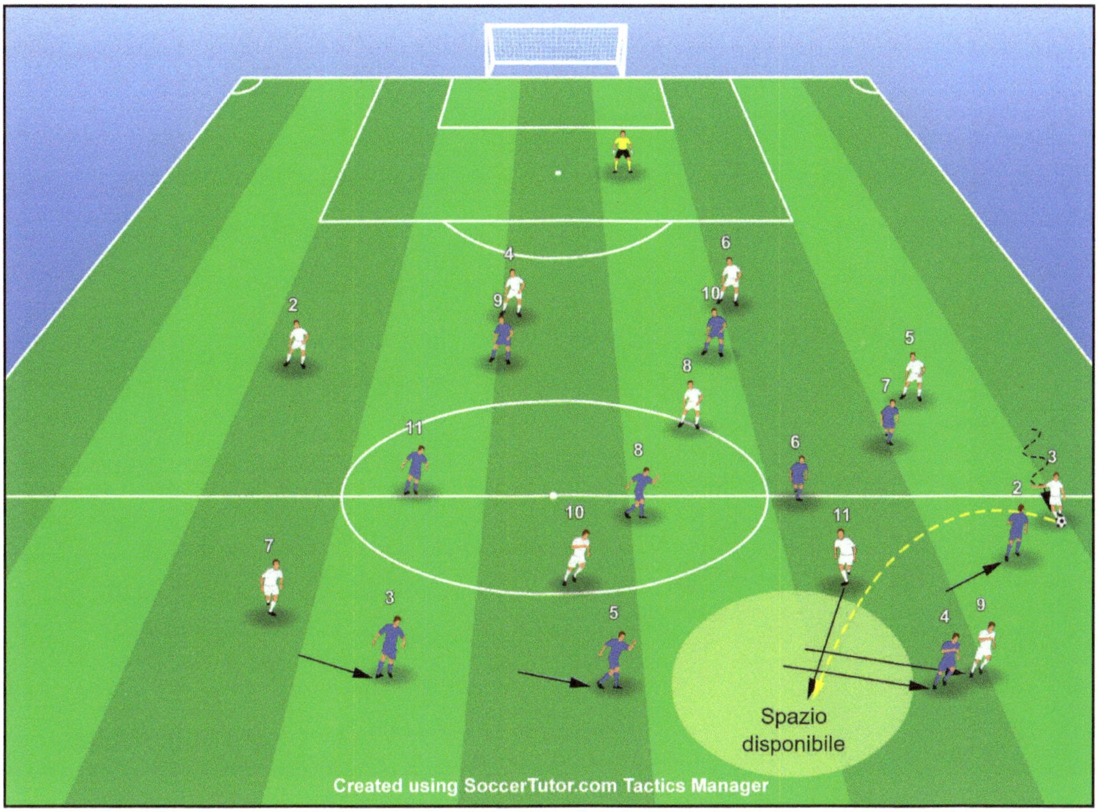

Questa è una variante dell'esempio precedente e mostra un'opzione diversa per il laterale basso e l'esterno alto, in caso di superiorità numerica vicino alla linea laterale.

L'attaccante (9) aiuta nella creazione dello spazio muovendosi verso la linea laterale per fornire un'opzione di passaggio e il suo diretto marcatore, il difensore centrale Num.4 blu, lo segue; in questo modo, si crea spazio libero al centro della difesa della squadra blu.

L'esterno alto (11) legge la situazione di gioco e si porta in avanti nello spazio creato dal movimento dell'attaccante. Il laterale basso sinistro (3) gioca palla nello spazio in cui si inserisce il Num.11.

In questa situazione, come nell'esempio precedente, un passaggio riuscito verso l'esterno (11) può creare un'occasione da goal.

CREARE E SFRUTTARE SITUAZIONI 3 CONTRO 2 VICINO ALLA LINEA LATERALE

## Opzione 2: combinazioni di gioco veloci per muovere palla verso il laterale basso smarcato, quando la linea di passaggio viene chiusa

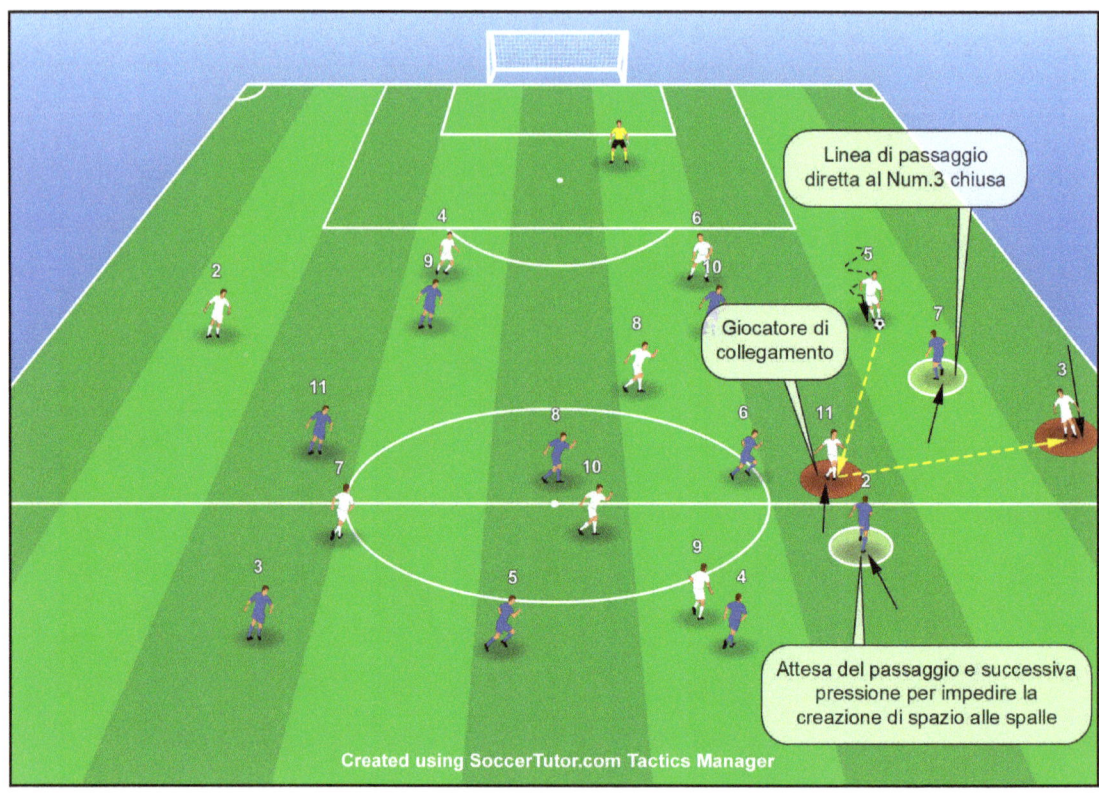

In questa seconda opzione, l'esterno alto opposto (7) porta pressione in modo diverso e, questa volta, chiude la linea di passaggio diretta verso il laterale basso sinistro (3). Come già visto in precedenza, il Num.7 blu non riesce a bloccare entrambe le opzioni di passaggio, quindi lascia l'esterno alto sinistro (11) libero da marcatura, pronto a ricevere palla dal difensore centrale in possesso (5). In questa situazione, il movimento del laterale basso destro (2) è il punto chiave. Ci sono 3 possibilità:

- **Opzione 2** *(vedi figura sopra)*: se il laterale basso destro (2) attende il passaggio e poi si muove per portare pressione sulla palla, sfruttando la fase di trasmissione, cioè il tempo impiegato dalla palla per "viaggiare", l'esterno alto bianco (11) potrebbe non essere in grado di ricevere e girarsi. Tuttavia il Num.11 può agire come "giocatore di collegamento" per spostare la palla verso il laterale basso sinistro (3) smarcato.

  *Una volta che il Num.3 entra in possesso, è possibile utilizzare entrambe le opzioni mostrate nelle due pagine precedenti. Opzione 1b: "sfruttare il 2 contro 1 attraverso il movimento dell'esterno alto, nello spazio, alle spalle del laterale basso". Opzione 1c: "l'esterno alto sfrutta lo spazio creato al centro dal movimento in ampiezza dell'attaccante centrale.*

- **Opzione 3** *(pagina 79)*: il laterale basso destro blu (2) mantiene una posizione equilibrata e non si muove in avanti per contrastare l'esterno alto (11) che può ricevere e girarsi (questa opzione viene descritta nella pagina successiva).

- **Opzione 4** *(pagina 80)*: Il laterale basso destro blu (2) si muove in avanti per contrastare l'esterno alto prima che venga effettuato il passaggio, perché non possa ricevere. Il laterale basso sinistro (3) deve avanzare nello spazio libero.

# CREARE E SFRUTTARE SITUAZIONI 3 CONTRO 2 VICINO ALLA LINEA LATERALE

## Opzione 3: l'esterno alto riesce a ricevere nello spazio e a girarsi, avendo 2 opzioni di passaggio

In questa terza opzione, l'esterno alto avversario (7) porta pressione in modo da bloccare il passaggio diretto verso il laterale basso sinistro (3), come mostrato nell'opzione 2, nella pagina precedente. Dato che il Num.7 blu non riesce a bloccare entrambe le opzioni di giocata, l'esterno alto sinistro (11) è libero da marcatura, pronto per ricevere un passaggio dal difensore centrale in possesso (5). Nell'opzione 2, il laterale basso destro (2) si è portato in avanti, per evitare che l'esterno alto (11) possa girarsi. In questo esempio, non si muove in avanti per portare pressione sul Num.11 bianco, dopo il passaggio del difensore centrale (5), ma rimane in una posizione di equilibrio per controllare sia il Num.11, sia il laterale basso sinistro, il Num.3. Ciò consente all'esterno alto (11) di ricevere, smarcato, il passaggio dal difensore centrale, girarsi e condurre palla in avanti; i centrocampisti avversari, a questo punto, sono fuori dal gioco ed è possibile attaccare 5 contro 4.

Una situazione 2 contro 1 viene creata vicino alla linea laterale. L'esterno alto (11) ha 2 opzioni:

1. Giocare palla verso il laterale basso sinistro (3), che si muove in sovrapposizione.
2. Il movimento a sovrapporre sulla sinistra può anche essere utilizzato per trovare tempo e spazio per una giocata centrale dietro alla linea difensiva. Un altro giocatore della squadra attaccante, il Num.10 in figura, si deve muovere con i tempi giusti per poter ricevere questo passaggio.

# CREARE E SFRUTTARE SITUAZIONI 3 CONTRO 2 VICINO ALLA LINEA LATERALE

## Opzione 4: sfruttare lo spazio alle spalle del laterale basso avversario, mentre agisce in marcatura contro l'esterno alto

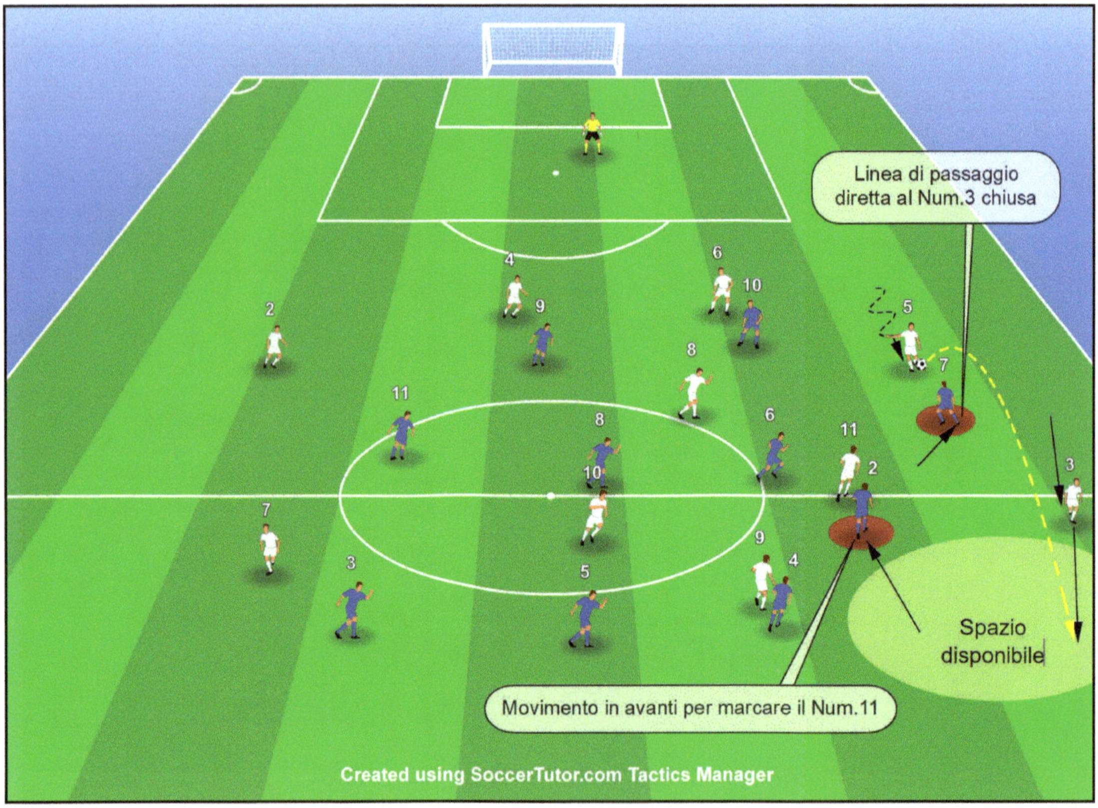

In quest'ultimo esempio, il laterale basso destro blu (2), si muove in avanti per contrastare l'esterno alto (11), prima che il passaggio sia effettuato, in modo che non possa ricevere, impedendo, al difensore centrale (5), di trasmettere palla. Tuttavia, questo primo movimento in avanti del laterale basso destro blu (2) crea spazio alle sue spalle.

Se l'uomo in possesso (5) ha abbastanza tempo per giocare un passaggio alto, lo spazio disponibile può essere sfruttato attraverso una corsa in avanti, senza palla, del laterale basso sinistro (3), come mostrato in figura.

In questa situazione, la squadra bianca si troverebbe in superiorità numerica 4 contro 3 in attacco con buone possibilità di creare un'occasione da goal.

# SESSIONE 6

## Dai principi tattici di Marcelo Bielsa

## Creare e sfruttare situazioni 3 contro 2 vicino alla linea laterale

Sessione per i principi tattici di BIELSA - Creare e sfruttare situazioni 3 contro 2 vicino alla linea laterale

# SESSIONE DI ALLENAMENTO PER QUESTA SITUAZIONE TATTICA
## 1. Muoversi lungo una linea di passaggio attraverso rapide combinazioni di gioco (senza avversari)

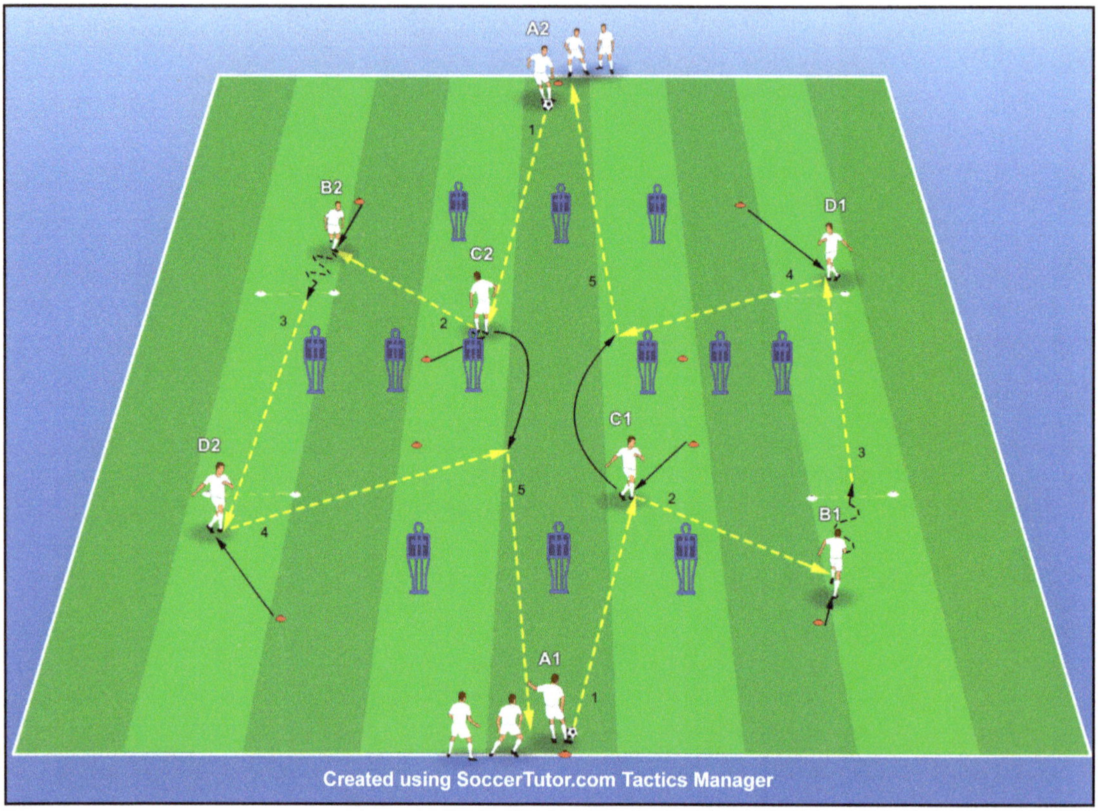

**Obiettivo:** trasmettere e ricevere palla con differenti angolazioni, focalizzando l'attenzione sui tempi di movimento per ricevere lungo le linee di passaggio.

### Descrizione

In un'area di 35 x 50 m agiscono 12 giocatori, di cui 2 in possesso palla alle estremità, come in figura. Vengono posizionate 12 sagome blu, o coni grandi, 4 porte formate da conetti bianchi e 10 coni rossi per segnare le posizioni iniziali sul campo. L'esercitazione inizia simultaneamente con i giocatori A1 e A2 posizionati alle estremità opposte; la sequenza viene spiegata a partire da A1, ma viene comunque replicata dall'altra parte, come mostrato in figura. Il giocatore A1 passa palla a C1, che si muove incontro e che gioca, successivamente, sulla corsa di B1. B1 conduce palla in avanti attraverso la porta bianca formata dai coni, per poi trasmettere palla a D1, che si è mosso indietro verso una linea di passaggio disponibile, per fornire un'opzione. Intanto, il giocatore C1 si è mosso a mezza luna per ricevere il passaggio successivo da D1, per poi trasmettere verso la seconda posizione di partenza (A2). La sequenza continua con il giocatore successivo e tutti gli altri si portano verso la posizione successiva (A -> B -> C -> D -> Inizio).

### Attenzione a:

1. Movimenti verso le linee di passaggio, per ricevere in avanti, con i tempi giusti.
2. Tempi di smarcamento intorno alle sagome per ricevere palla sulla corsa.

Sessione per i principi tattici di BIELSA - Creare e sfruttare situazioni 3 contro 2 vicino alla linea laterale

## VARIANTE

## 2. Movimenti sincronizzati e combinazioni di gioco tra il laterale basso e l'esterno alto (senza avversari)

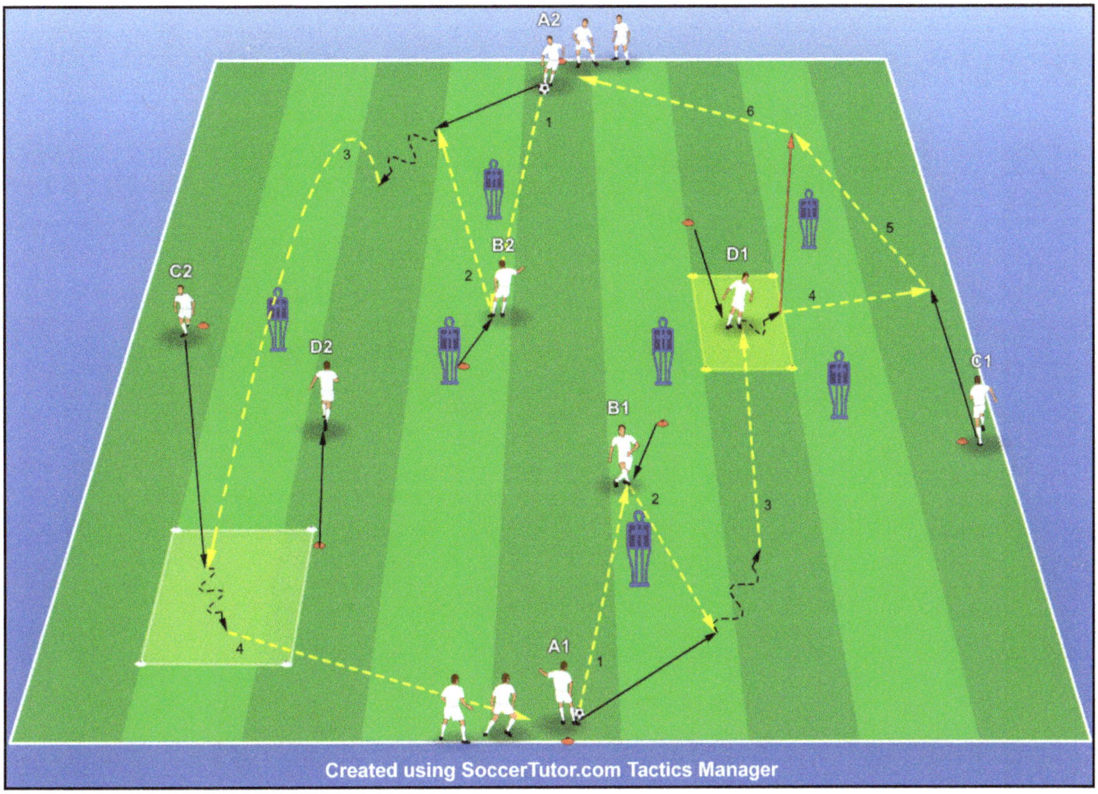

### Descrizione

Questa esercitazione è una variante della precedente, in cui le posizioni dei coni rossi e delle sagome blu (o coni grandi) cambiano, come mostrato in figura. Vengono delimitate anche 2 aree di 4 x 6 m e 5 x 8 m. L'esercitazione inizia simultaneamente con i giocatori A1 e A2, posizionati alle estremità opposte. Sul lato destro, A1 gioca una combinazione 1-2 con B1, che si muove incontro; A1 riceve il passaggio di ritorno, conduce in avanti e trasmette nella piccola area delimitata, dove D1, l'esterno alto, si muove incontro per ricevere e girarsi.

Contemporaneamente, C1, il laterale basso, si muove in avanti per ricevere in ampiezza e, una volta in possesso palla, la trasmette a D1, con il giusto angolo, sulla sua corsa e alle spalle della sagoma, per poi tornare alle posizioni di partenza (A2). Sul lato sinistro, A2 gioca una combinazione 1-2 con B2, che si muove incontro (D2 si muove anch'egli incontro e C2 si sposta in avanti); A2 riceve il passaggio di ritorno, conduce in avanti e gioca palla alta verso l'area più ampia, sulla corsa di C2. C2 termina la sequenza passando palla verso la posizione iniziale A1 e l'esercitazione continua. Tutti i giocatori si spostano nella posizione successiva (A -> B -> C -> D -> Inizio).

### Varianti:

1. L'esercitazione può essere invertita, in modo che i giocatori lavorino su queste combinazioni dal lato sinistro del campo.
2. Il giocatore D1 può trasmettere di prima intenzione a C e muoversi alle spalle della sagoma, per ricevere di nuovo (invece di girarsi).

Sessione per i principi tattici di BIELSA - Creare e sfruttare situazioni 3 contro 2 vicino alla linea laterale

## PROGRESSIONE
### 3. Movimenti sincronizzati e combinazioni di gioco tra il laterale basso e l'esterno alto (con avversari)

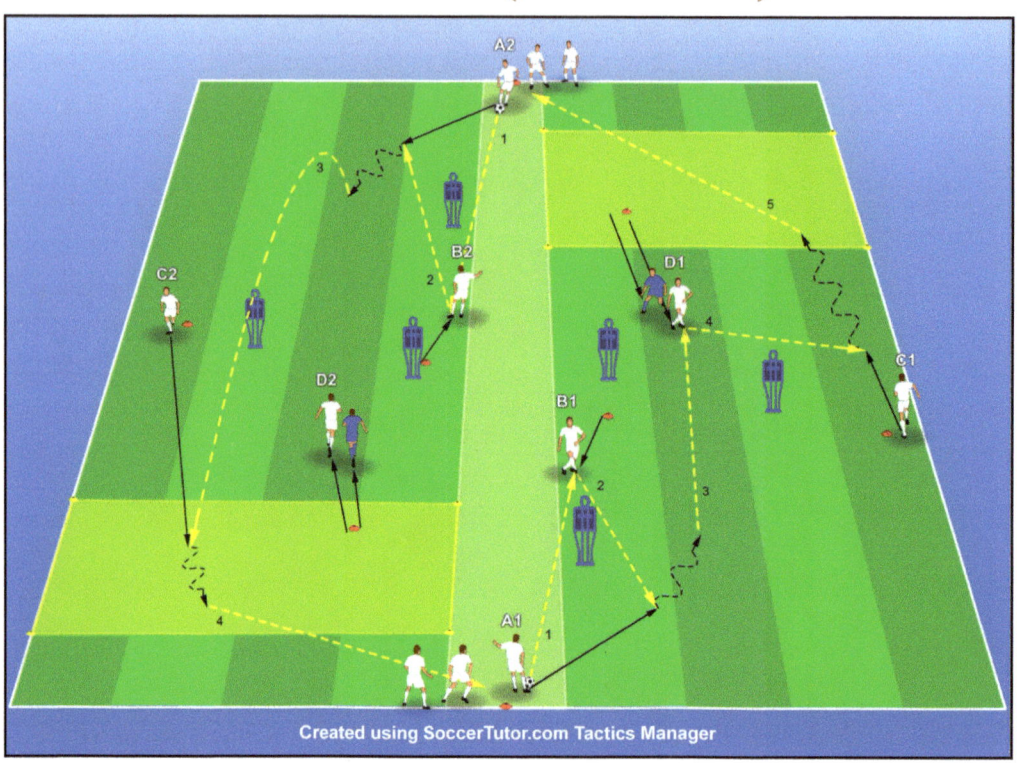

### Descrizione

Questa esercitazione è una progressione della precedente, svolta all'interno della stessa area di 35 x 50 m e con le stesse combinazioni tra il laterale basso e l'esterno alto; in questo caso c'è la presenza di un laterale basso avversario. Inoltre vengono delimitate una zona centrale larga 4-5 m e 2 aree di 10 x 15 m, in cui agiscono un esterno alto bianco (D) e un laterale basso blu. L'esercitazione inizia simultaneamente con A1 e A2, sui lati opposti, che giocano entrambi una combinazione a due con B1 e B2, rispettivamente, ricevono il passaggio di ritorno, conducono in avanti e giocano palla a D1 e D2, che si muovono incontro per fornire un'opzione di passaggio. I giocatori in possesso devono leggere la situazione tattica, determinata dalla reazione del giocatore blu, per fare la scelta migliore. Queste le opzioni:

1. Il laterale basso blu non segue l'esterno alto (D1 / D2) quando si muove incontro, quindi (D1 / D2) può ricevere, girarsi e creare una situazione 2 contro 1 nell'area delimitata (situazione non raffigurata).

2. Il laterale basso blu segue l'esterno alto (D1 / D2), quindi viene creato lo spazio per il laterale basso bianco (C1 / C2) che riceve palla alta all'interno dell'area delimitata (opzione mostrata sul lato sinistro della figura).

3. Il laterale basso blu attende il passaggio e poi si muove per mettere pressione sull'esterno alto (D1 / D2), che trasmette, di prima intenzione, sulla corsa del laterale basso (C1 / C2), creando una situazione 2 contro 1 all'interno dell'area delimitata (opzione mostrata sul lato destro della figura).

Ogni combinazione termina con un passaggio verso la posizione di partenza (A1 / A2) e la sequenza continua. Tutti i giocatori passano alla posizione successiva. L'esercitazione può essere invertita, in modo che i giocatori lavorino su queste combinazioni dal lato sinistro del campo.

Sessione per i principi tattici di BIELSA - Creare e sfruttare situazioni 3 contro 2 vicino alla linea laterale

## PROGRESSIONE

## 4. Trasmettere palla al giocatore libero in una situazione di gioco 3 contro 1, vicino alla linea laterale

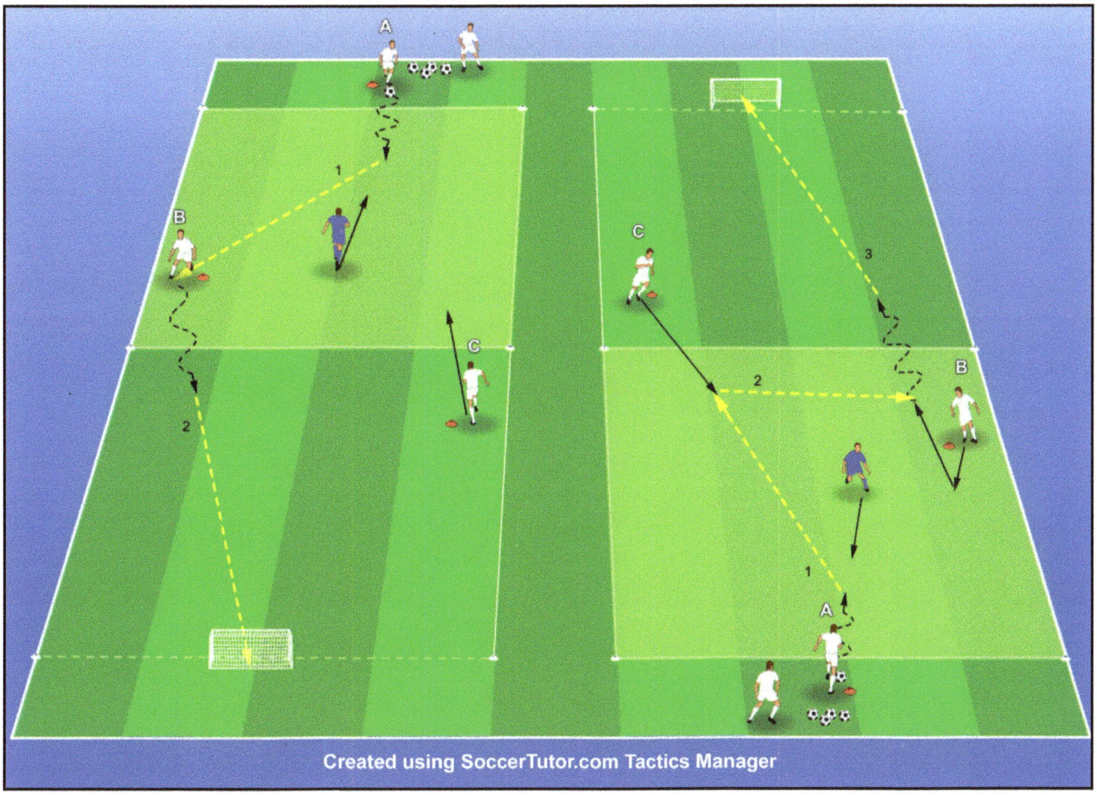

### Descrizione

2 aree di gioco separate che misurano 20 x 60 m ciascuna, vengono suddivise in 2 metà. 2 gruppi, composti da 5 giocatori ciascuno lavorano contemporaneamente in direzioni opposte. Ogni gruppo ha il difensore centrale (A), il laterale basso (B) e l'esterno alto (C) bianchi e 1 difensore blu. All'esterno c'è anche un altro giocatore bianco, in attesa di prendere parte al gioco. A, B e C partono dai coni rossi; A inizia l'esercitazione conducendo palla in avanti e il difensore blu si muove per portare pressione. L'obiettivo della squadra bianca è trasmettere palla al giocatore libero B, direttamente o tramite il giocatore di collegamento C; la scelta dipende dal posizionamento del difensore blu.

1. **Lato sinistro della figura:** se il difensore blu non riesce a bloccare il passaggio verso il laterale basso (B), A può trasmettere palla direttamente verso di lui. B conduce palla in avanti e cerca di segnare.

2. **Lato destro della figura:** se il giocatore A non è in grado di trovare un angolo per trasmettere palla direttamente a B, ha la possibilità di passare a C, che agisce come giocatore di "collegamento", muovendosi incontro per creare un'opzione di passaggio e muovere la palla verso B.

Tutti i giocatori passano alla posizione successiva (A -> B -> C -> Inizio). L'esercitazione può essere invertita, in modo che i giocatori lavorino su queste combinazioni di gioco dal lato sinistro del campo. Solo il giocatore B può entrare nella metà offensiva con la palla.

Sessione per i principi tattici di BIELSA - Creare e sfruttare situazioni 3 contro 2 vicino alla linea laterale

## PROGRESSIONE

## 5. Trasmettere palla al giocatore libero, in una situazione di gioco 3 contro 2, vicino alla linea laterale

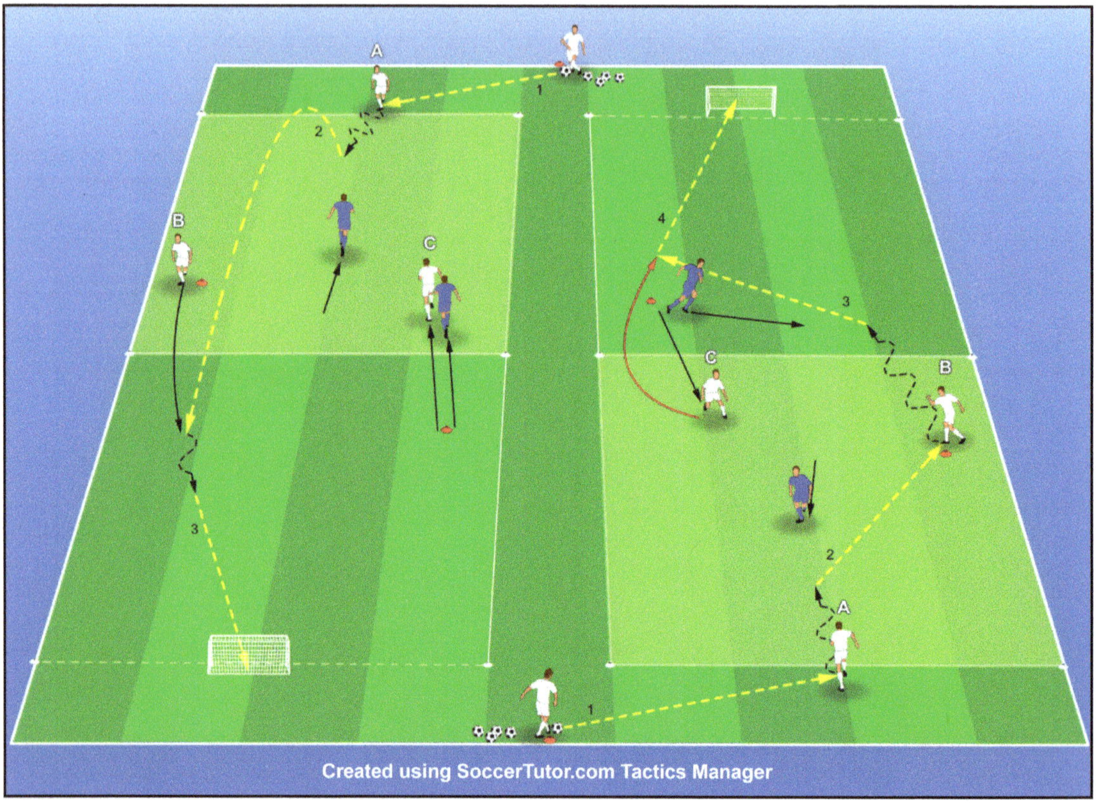

## Descrizione

Questa esercitazione è una progressione della precedente, in cui si aggiunge un difensore, creando quindi una situazione 3 contro 2 in ciascun gruppo. Per iniziare l'esercitazione, il giocatore esterno ora trasmette palla ad A, che entra nell'area. Secondo i movimenti dei 2 difensori blu, l'obiettivo della squadra bianca è sfruttare la superiorità numerica, per condurre palla nella metà offensiva o ricevere un passaggio al suo interno e concludere. Due esempi di possibili combinazioni sono mostrati nella figura:

1. **Lato sinistro:** il primo difensore blu chiude il portatore di palla (A) e il secondo difensore segue il movimento a venire incontro dell'esterno alto (C). Si crea quindi spazio per il laterale basso destro, che può avanzare, ricevere nella metà offensiva e concludere.

2. **Lato destro:** il primo difensore blu non blocca il passaggio diretto verso il laterale basso (B), quindi viene creata immediatamente una situazione 2 contro 1. Il secondo difensore si muove per chiudere B, che conduce in avanti e trasmette palla sulla corsa di C, che riceve alle spalle del difendente e conclude.

Tutti i giocatori bianchi passano alla posizione successiva (A -> B -> C -> Inizio). L'esercitazione può essere invertita in modo che i giocatori lavorino su queste combinazioni dal lato sinistro del campo. Solo il giocatore B può entrare nella metà d'attacco con la palla.

Sessione per i principi tattici di BIELSA - Creare e sfruttare situazioni 3 contro 2 vicino alla linea laterale

## PROGRESSIONE

## 6. Esercitazione funzionale per creare e sfruttare superiorità numerica 3 contro 2 vicino alla linea laterale

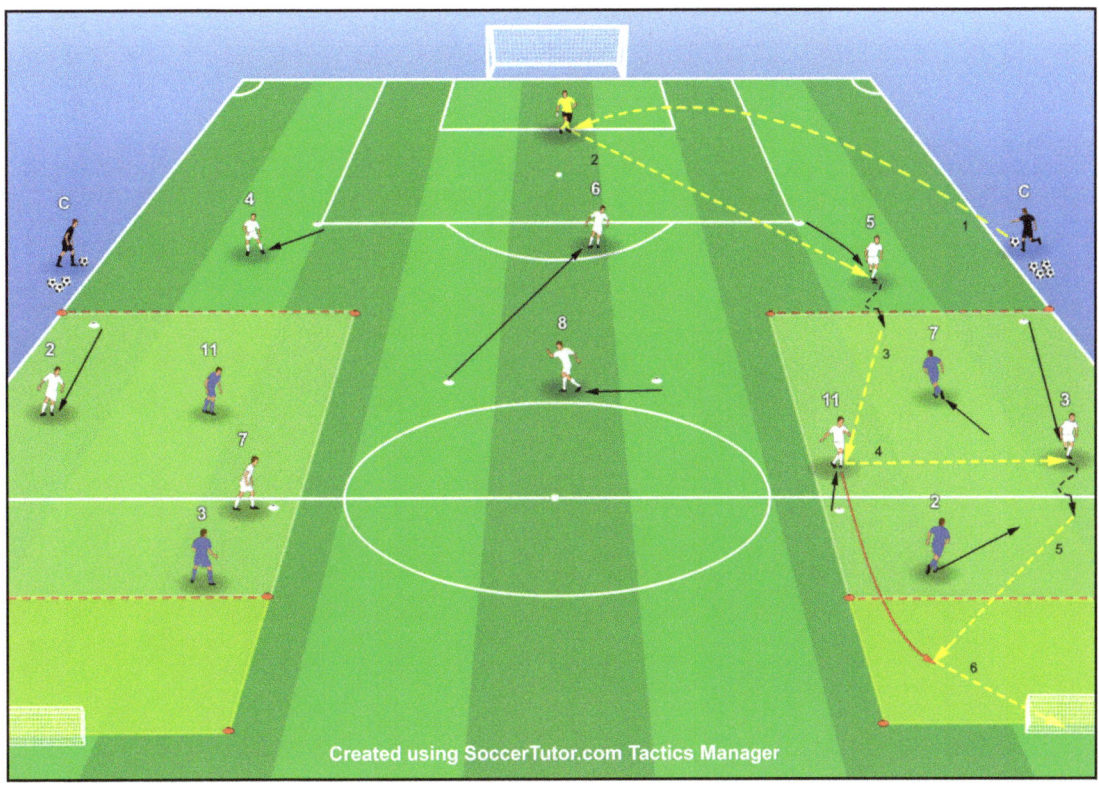

**Obiettivo:** trarre vantaggio da una situazione di gioco 3 contro 2 vicino alla linea laterale.

### Descrizione

In uno spazio corrispondente a 2/3 di un campo regolare, vengono delimitate 2 zone vicino alle linee laterali, come mostrato in figura. All'interno di ogni zona agiscono un laterale basso e un'esterno alto per entrambe le squadre; inoltre c'è un'area di conclusione delimitata all'interno di ogni zona e una porticina. Al di fuori delle zone, agiscono 2 difensori centrali (4 e 5) e 2 centrocampisti centrali (6 e 8) bianchi. I giocatori in maglia bianca iniziano l'esercitazione sui rispettivi coni. L'esercitazione prende il via quando l'allenatore gioca palla lunga verso il portiere e i giocatori si scaglionano in un 3-3-2 (dal 3-3-3-1 di Bielsa), come se stessero giocando contro 2 attaccanti. I 2 difensori centrali (4 e 5) si aprono per ricevere e il centrocampista centrale (6) ripiega indietro per creare una linea a 3 giocatori. Dopo che un difensore centrale riceve palla, il Num. 5 in figura, si sposta in ampiezza sullo stesso lato. L'obiettivo, per i bianchi, è sfruttare la situazione 3 contro 2, condurre palla attraverso la linea rossa oppure ricevere un passaggio al di là di essa, per segnare entro 8". I blu non possono difendere al di là della linea rossa e la regola del fuorigioco è applicata a tutta la sequenza.

Se i giocatori blu conquistano il possesso, devono contrattaccare, condurre palla al di là della linea di meta rossa opposta, oppure ricevere oltre il limite entro 5" per conquistare 1 punto. Il centrocampista centrale (8) può agire nelle zone laterali quando la squadra bianca è in transizione negativa.

Sessione per i principi tattici di BIELSA - Creare e sfruttare situazioni 3 contro 2 vicino alla linea laterale

## PROGRESSIONE

### 7. Partita 11 contro 10 per creare e sfruttare la superiorità numerica 3 contro 2 vicino alla linea laterale

### Descrizione

Usando la stessa impostazione dell'esercitazione precedente, la zona di conclusione attraversa ora tutta la larghezza del campo (15 m di lunghezza) e 3 porticine sono posizionate sulla linea di fondo.

L'esercitazione inizia quando l'allenatore gioca palla lunga verso il portiere e i giocatori si scaglionano in un 3-3-2 (dal 3-3-3-1 di Bielsa), per costruire gioco contro i 2 attaccanti. I 2 difensori centrali (4 e 5) si aprono per ricevere e il centrocampista centrale (6) si muove indietro per creare una linea a 3 giocatori.

Le due squadre giocano una partita normale, ma quando un difensore centrale bianco, il Num.5 in figura, entra in una zona laterale, l'obiettivo è sfruttare la situazione 3 contro 2, condurre palla al di là della linea rossa o ricevere un passaggio oltre di essa e concludere entro 5"-6". Un goal segnato dopo una sequenza come questa vale doppio.

I 2 attaccanti blu non tentano attivamente di impedire che i difensori centrali bianchi entrino nelle zone laterali. I giocatori blu poi difendono, provano a conquistare palla e segnare entro 8"-10". I blu non possono difendere all'interno della zona di conclusione e la regola del fuorigioco è applicata a tutta l'esercitazione.

**Attenzione a:** la squadra bianca deve scegliere la soluzione più appropriata, in base ai movimenti dei difensori blu *(vedi le opzioni offensive a pagina 86)*.

Sessione per i principi tattici di BIELSA - Creare e sfruttare situazioni 3 contro 2 vicino alla linea laterale

## PROGRESSIONE

### 8. Partita 11 contro 11 per creare e sfruttare la superiorità numerica 3 contro 2 vicino alla linea laterale

### Descrizione

Questa è una progressione dell'esercitazione precedente; vengono applicate le stesse regole, ma la lunghezza della zona di conclusione viene aumentata a 25 m e viene aggiunta una porta regolare con un portiere. La squadra bianca deve sfruttare la superiorità 3 contro 2, oltrepassando la linea rossa e concludendo in porta. I giocatori blu continuano a difendere, cercando di conquistare palla e contrattaccare per concludere nella porta opposta.

### CONSIDERAZIONI:

Le esercitazioni di questa sessione possono essere adattate a qualsiasi tipo di schieramento.

# CAPITOLO 5

## SOLUZIONI OFFENSIVE IN UNA SITUAZIONE 3 CONTRO 3 VICINO ALLA LINEA LATERALE

# SOLUZIONI OFFENSIVE IN UNA SITUAZIONE 3 CONTRO 3 VICINO ALLA LINEA LATERALE (CONTRO 2 ATTACCANTI)

Quando il difensore centrale avanza palla al piede e nessun attaccante avversario è in grado di portare pressione su di lui, allora la squadra in possesso dovrebbe riuscire a mettere in inferiorità numerica 3 contro 2 l'avversario, vicino alla linea laterale. Tuttavia, gli avversari possono comunque impedirlo muovendo uno dei centrocampisti centrali, che si assume la responsabilità di chiudere il difensore in possesso, mentre l'esterno alto avversario può seguire la corsa in avanti del laterale basso.

### L'avversario previene il duello 3 contro 2 attraverso l'uscita del centrocampista centrale

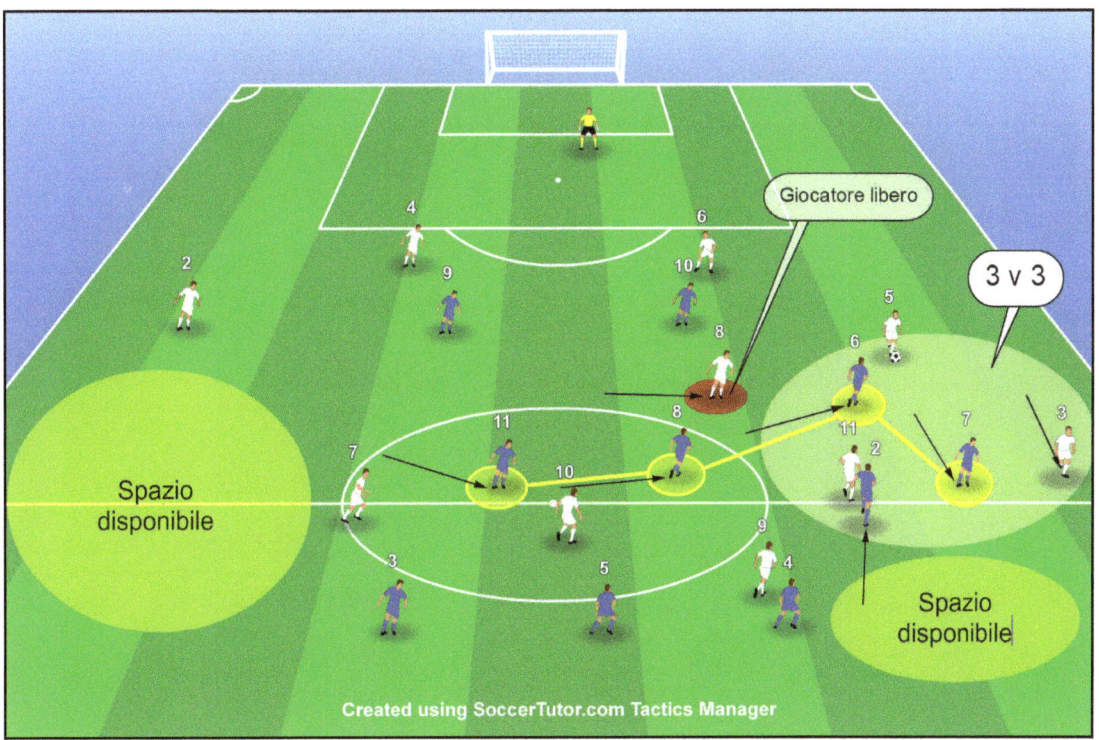

In questo esempio, gli attaccanti avversari sono troppo lontani dal portatore di palla, il difensore centrale Num.5, per poter portare pressione. L'unico modo per la squadra blu di prevenire una situazione di inferiorità numerica vicino alla linea laterale è spostare rapidamente il centrocampista centrale (6), come mostrato in figura, per chiudere il Num.5.

Il movimento del Num.6 blu fa in modo che tutti i centrocampisti blu si portino verso il lato forte, per tenere il centrocampo compatto e chiudere le linee di passaggio.

Il nuovo scaglionamento della squadra blu crea spazio sul lato debole per la squadra bianca, così come alle spalle del laterale basso destro(2), mentre si sposta per chiudere il suo diretto avversario, il Num.11.

Inoltre, il centrocampista centrale bianco (8) rimane smarcato e diventa il giocatore chiave in questa situazione, poiché può ricevere nello spazio e scegliere la successiva giocata migliore.

# SOLUZIONI OFFENSIVE IN UNA SITUAZIONE 3 CONTRO 3 VICINO ALLA LINEA LATERALE

## 3 contro 3 vicino alla linea laterale: muovere palla verso il centrocampista centrale

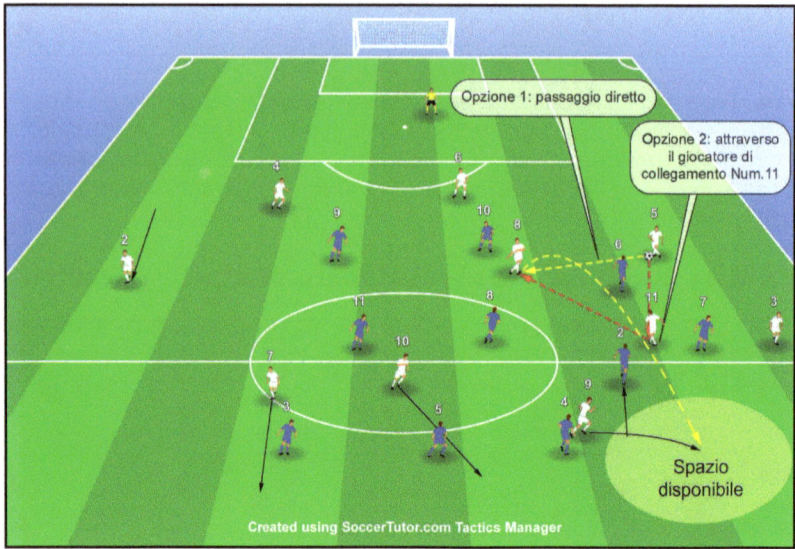

Seguendo dalla pagina precedente, l'avversario è riuscito a creare una situazione 3 contro 3 vicino alla linea laterale. Mentre il Num.6 blu si sposta per chiudere il portatore di palla, il Num.8 bianco è smarcato e può ricevere palla dal Num.5 o tramite il 'giocatore di collegamento' Num.11, come mostrato in figura. Il Num.8 può quindi giocare palla lunga nello spazio alle spalle del Num.2 blu, opzione molto efficace se l'attaccante (9) è un giocatore veloce, che riesce a raggiungere la palla, creando una situazione 3 contro 3 in fase offensiva.

## Cambiare gioco per sfruttare lo spazio sul lato debole

Questa figura mostra un'opzione alternativa per il Num.8, quando riceve palla dal Num.5. Il centrocampo avversario è compatto, c'è più spazio ed è richiesta meno precisione.

Il Num.8 può cambiare gioco verso il lato debole, dove il laterale basso sinistro (3) ha molto spazio per ricevere.

Quando il laterale basso destro (3) è in possesso palla, è possibile creare una situazione 2 contro 1 vicino alla linea laterale, con il Num.7 che si muove in diagonale, nello spazio, alle spalle del laterale basso blu (3).

# SOLUZIONI OFFENSIVE IN UNA SITUAZIONE 3 CONTRO 3 VICINO ALLA LINEA LATERALE

## Giocare una palla filtrante quando il centrocampo avversario non è compatto

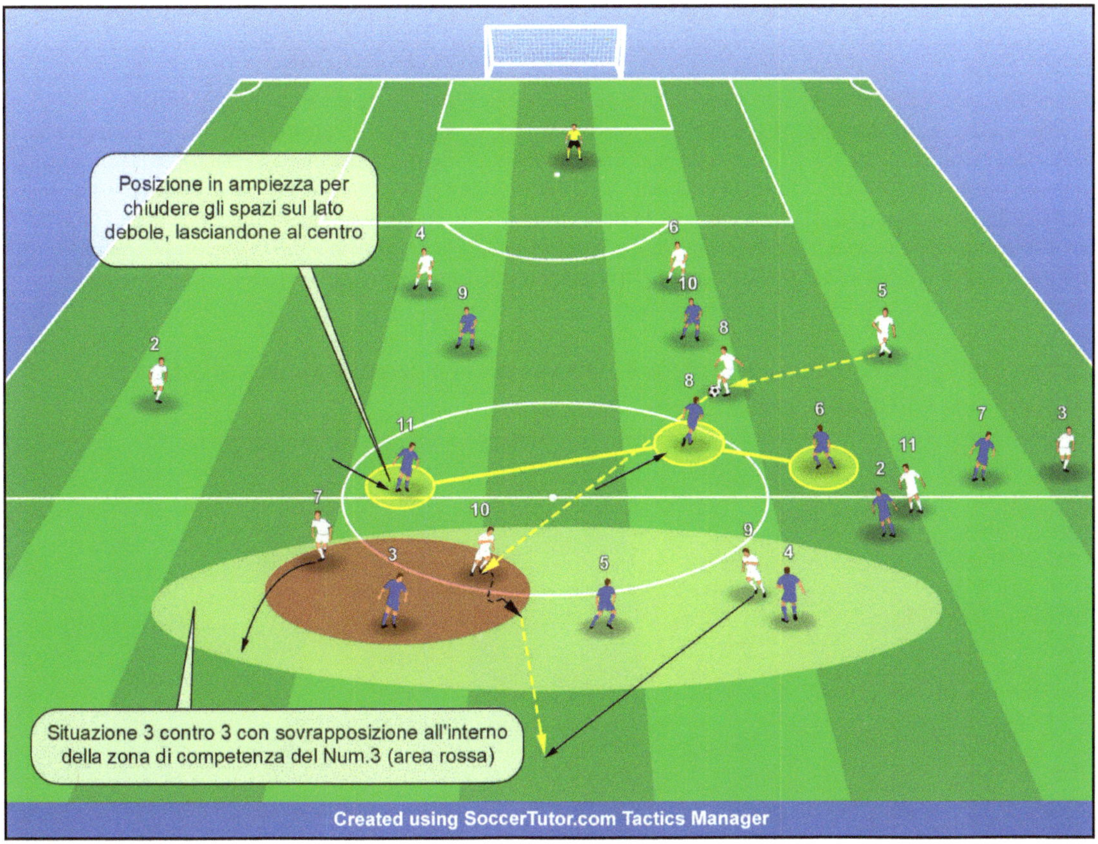

In questa variante dell'esempio precedente, l'esterno alto sinistro blu (11) si trova in una posizione di maggiore ampiezza, per impedire al Num.8 il cambio di gioco e la conseguente creazione di una situazione 2 contro 1 sul lato debole.

Tuttavia, questa posizione significa meno coesione e compattezza a centrocampo per la squadra blu; di conseguenza il Num.8 può giocare un passaggio filtrante.

Inoltre, la posizione del Num.10 bianco rientra nella zona di responsabilità, area rossa in figura, del laterale basso di sinistra (3). Dato che anche il Num.7 bianco agisce nella stessa zona (2 contro 1), il Num.3 blu non può avanzare per marcare il Num.10, che quindi può ricevere palla, nello spazio, dal compagno Num.8.

Il Num.10 può ricevere, girarsi e trasmettere alle spalle della linea difensiva avversaria, con la sua squadra in una favorevole situazione offensiva 3 contro 3.

# SOLUZIONI OFFENSIVE IN UNA SITUAZIONE 3 CONTRO 3 VICINO ALLA LINEA LATERALE (CONTRO 1 ATTACCANTE)

Giocando contro squadre con 1 solo attaccante, è probabile che il Num.10, oppure un centrocampista offensivo, occupino posizioni più in profondità rispetto ad una seconda punta; questa zona d'azione impedisce al centrocampista centrale (8) di ricevere palla all'interno. Quando si gioca contro 1 solo attaccante, il centrocampista centrale non si deve posizionare tra i 2 difensori per creare una linea a 3 giocatori; comunque 1 centrocampista centrale si propone arretrando per ricevere palla. Ora è possibile cambiare lato di gioco come mostrato nelle pagine precedenti contro 2 attaccanti. Oltre a fornire un'opzione di passaggio utile, il centrocampista centrale agisce come elemento di equilibrio difensivo e mantiene la superiorità numerica (2 contro 1 o 3 contro 1) contro l'attaccante avversario.

### La compattezza del centrocampo avversario crea spazio vicino alla linea laterale per cambiare gioco

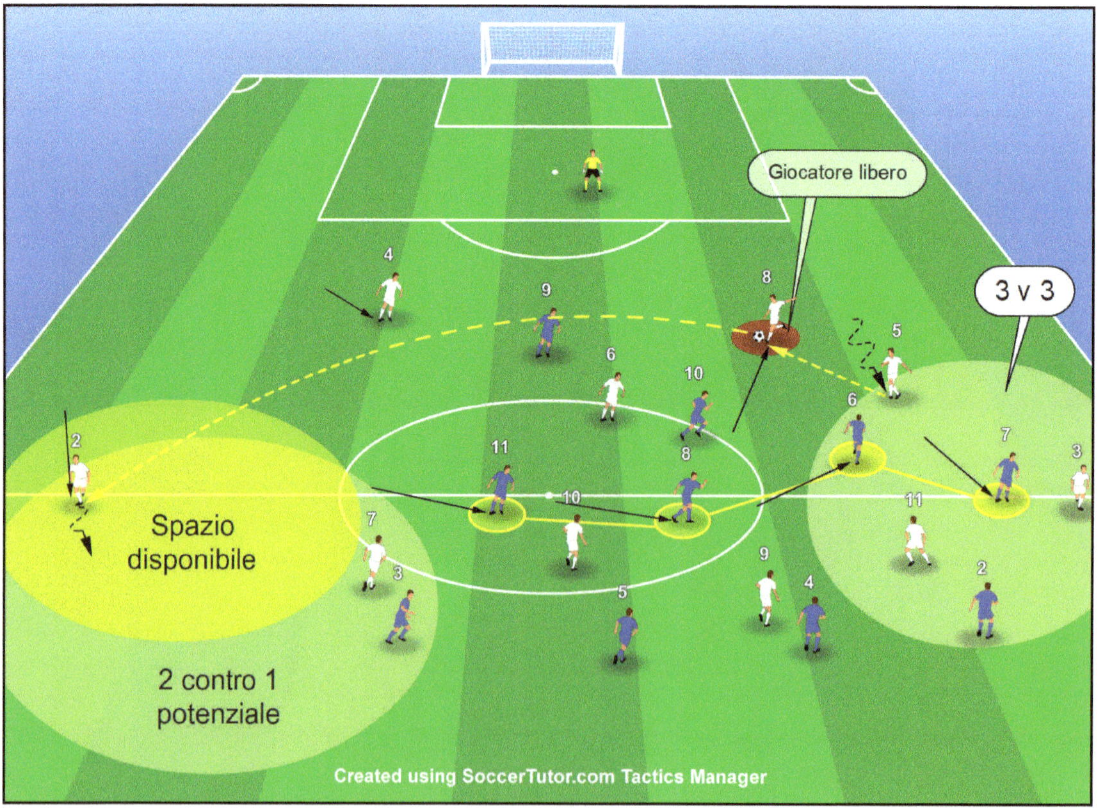

In questo esempio, la squadra difendente blu previene una situazione di inferiorità numerica 3 contro 2 vicino alla linea laterale, attraverso il movimento in ampiezza del centrocampista centrale (6), che si sposta per chiudere il portatore di palla e per dare compattezza al centrocampo. Lo spazio disponibile sul lato opposto può essere sfruttato grazie al passaggio indietro del Num.5 verso il centrocampista centrale (8), che cambia gioco verso il laterale basso (2) nello spazio. Una potenziale situazione 2 contro 1 viene quindi creata.

# SOLUZIONI OFFENSIVE IN UNA SITUAZIONE 3 CONTRO 3 VICINO ALLA LINEA LATERALE

## Giocare una palla filtrante quando il centrocampo avversario non è compatto

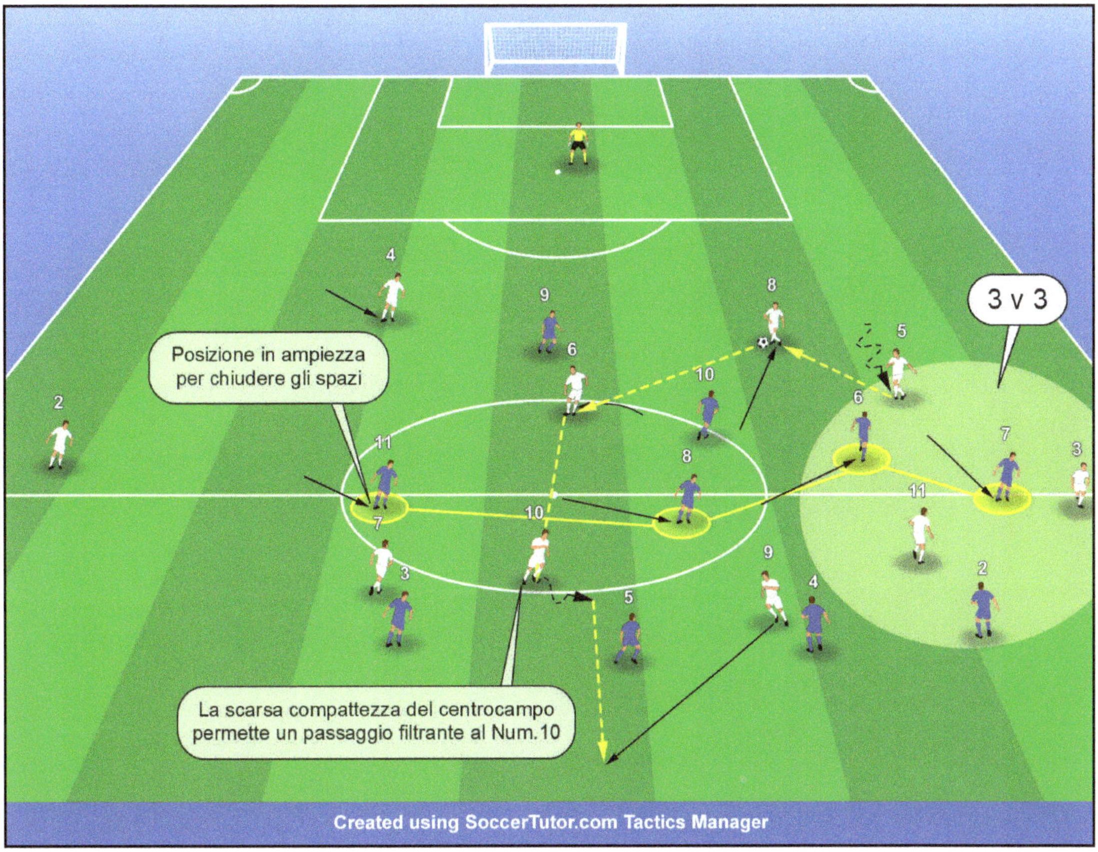

Se l'esterno alto blu, il Num.11 in figura, si trova in una posizione di maggiore ampiezza per impedire alla squadra bianca di cambiare gioco nello spazio, la compattezza del centrocampo della squadra in difesa non può essere massima.

In questo esempio, c'è grande distanza tra i numeri 11 e 8 blu; il centrocampista centrale bianco (8) trasmette palla all'interno al Num.6, che riesce, a propria volta, a giocare attraverso lo spazio creato a centrocampo, verso il Num.10. I centrocampisti blu sono ora fuori dal gioco e viene create una situazione di 4 contro 4 per la squadra in fase offensiva.

Il Num.10 può ricevere, girarsi e giocare un passaggio decisivo per la creazione di un'opportunità di conclusione.

### CONSIDERAZIONI:

Questa situazione può verificarsi se l'attaccante blu è posizionato lontano dalla zona palla. Se è vicino e si crea un lato forte per la squadra blu, si deve cercare il cambio di lato con le potenziali opzioni di gioco già descritte.

# SESSIONE 7

## Dai principi tattici di Marcelo Bielsa

## Soluzioni offensive per risolvere la situazione 3 contro 3 vicino alla linea laterale

Sessione per i principi tattici di BIELSA - Soluzioni offensive per risolvere la situazione 3 contro 3

## SESSIONE DI ALLENAMENTO PER QUESTA SITUAZIONE TATTICA
## 1. Combinazioni rapide per cambiare gioco verso i laterali bassi nello spazio (esercitazione tecnica)

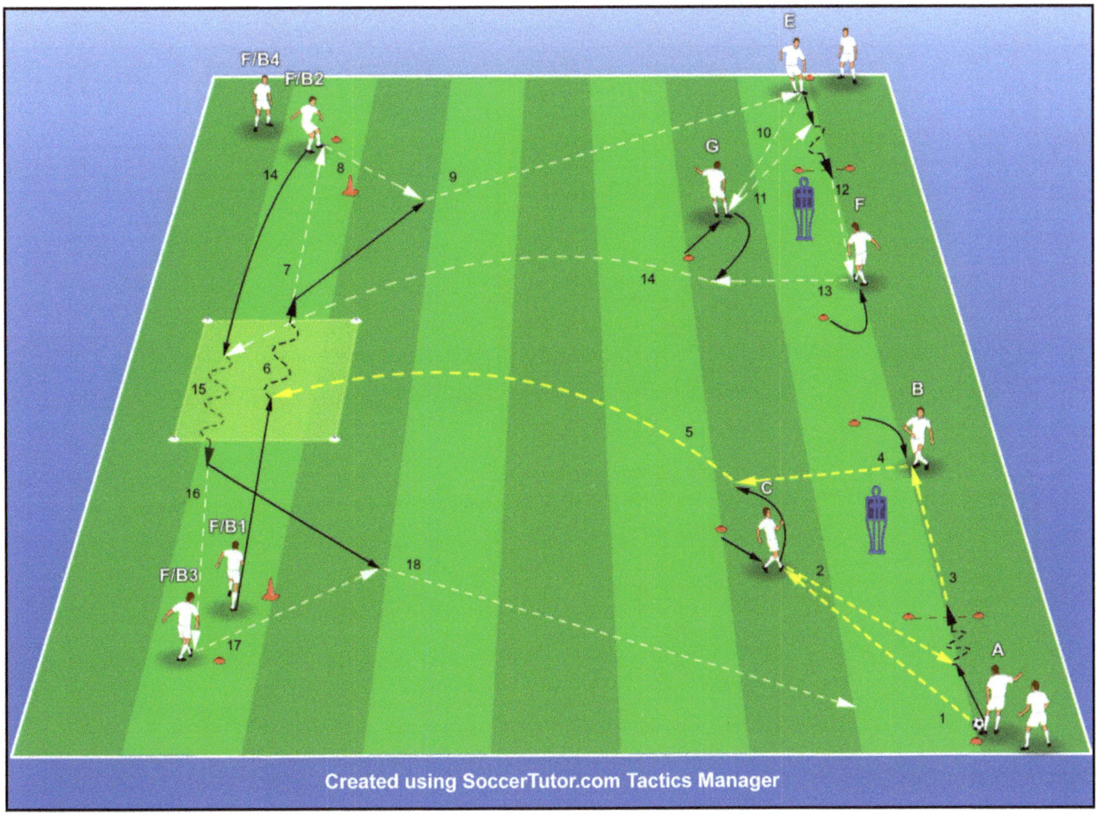

### Descrizione

In un'area di 60 x 60 m, agiscono 12 giocatori e vengono posizionate 2 sagome (oppure coni di grandi dimensioni), 4 porte formate dai coni e conetti extra per delimitare le posizioni di partenza. I giocatori sono divisi in 3 gruppi: i primi 2 fungono da difensore centrale (A) e centrocampisti (B e C). Il terzo gruppo è composto da laterali bassi, 2 su ciascuna estremità, separati da un'area di 8 x 8 m.

L'esercitazione inizia con il passaggio di A verso C, che rigioca palla verso A. Il giocatore A conduce attraverso la porta formata dai coni e trasmette in avanti a B, che si muove incontro e gioca all'interno verso C, che si è mosso per ricevere e cambiare gioco verso il lato opposto, all'interno dell'area di 8 x 8 m, verso un laterale basso.

I laterale basso ricevente (F / B1) si è portato in avanti all'interno dell'area, conduce palla, e combina 1-2 con il secondo laterale basso (F / B2) per poi giocare al compagno nelle posizioni di partenza.

La stessa combinazione viene eseguita con i giocatori E, F e G, prima che la palla venga nuovamente giocata nell'area di 8 x 8 m, questa volta su F / B2, il quale combina 1-2 con F / B3 e torna verso la posizione iniziale (A). I laterali bassi invertono i lati ogni volta che ricevono un passaggio e gli altri giocatori ruotano le posizioni (A -> B -> C -> Inizio).

**Attenzione a:** C & G devono muoversi con i tempi giusti per ricevere il cambio di gioco e trasmettere di prima.

# Sessione per i principi tattici di BIELSA - Soluzioni offensive per risolvere la situazione 3 contro 3

## PROGRESSIONE

### 2. Soluzioni offensive per risolvere la situazione 3 contro 3 vicino alla linea laterale (gioco a zone contro 2 attaccanti)

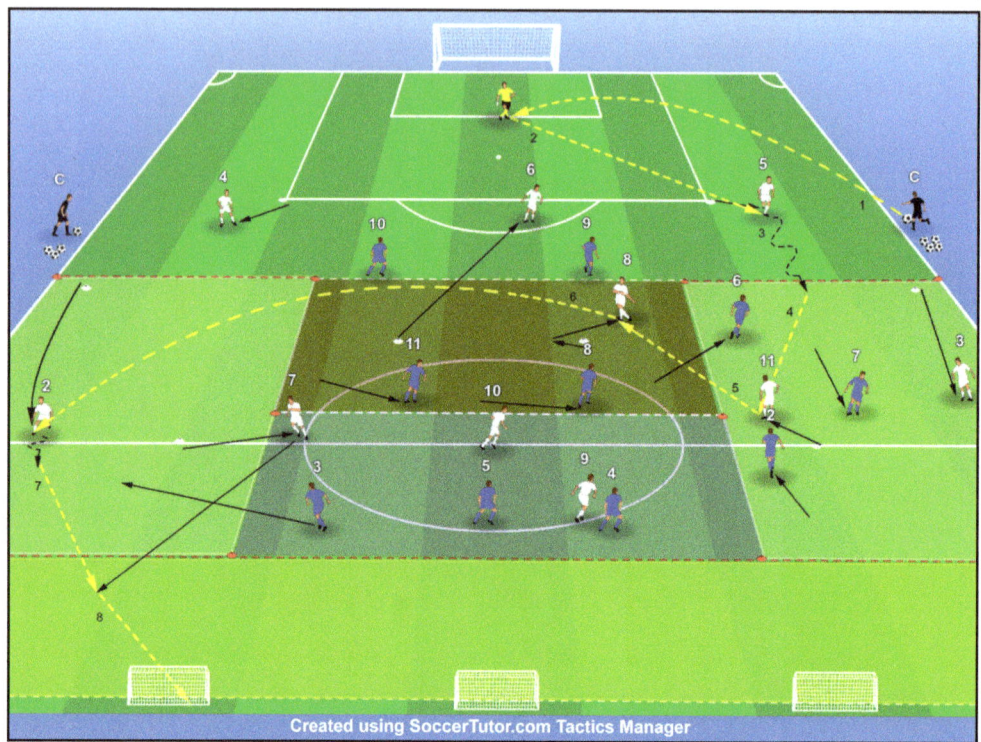

### Descrizione

2/3 di un campo regolare vengono divisi in 6 zone, come mostrato in figura. Viene utilizzata la porta regolare con un portiere e 3 porticine vengono posizionate all'estremità opposta.

L'esercitazione inizia sempre con la palla lunga dell'allenatore verso il portiere e con i giocatori che si scaglionano seguendo i dettami del 3-3-3-1 di Bielsa, per costruire gioco contro 2 attaccanti. I 2 difensori centrali (4 e 5) si muovono in ampiezza per ricevere, il centrocampista centrale (6) arretra per creare una linea a tre giocatori e i laterali bassi (2 e 3) si portano in avanti. Quando il portiere trasmette verso uno dei difensori centrali, il Num. 5 in figura, la squadra blu può concedere un duello 3 contro 2 o creare un altro duello 3 contro 3 in zona laterale, attraverso il movimento in ampiezza del centrocampista centrale Num.6. La squadra bianca deve leggere la situazione di gioco, in base ai movimenti degli avversari e sfruttare il 3 contro 2 o risolvere il duello 3 contro 3, utilizzando lo spazio disponibile sul lato debole, oppure giocando palla all'interno della zona blu, attraverso i Num .7, Num.10 o Num.11; in questo modo è possibile attaccare 3 contro 3. Per concludere e segnare, i giocatori in possesso devono condurre palla attraverso la linea di meta rossa o ricevere oltre di essa e concludere in una delle 3 porticine. Se gli azzurri conquistano palla in una zona laterale, devono condurre attraverso la linea rossa per conquistare 1 punto. Se conquistano palla al centro, cercano di superare il portiere entro 8"-10".

**Regole:** i giocatori blu non possono difendere nella zona di conclusione e gli attaccanti (9 e 10) devono rimanere all'interno della loro zona in fase difensiva.

Sessione per i principi tattici di BIELSA - Soluzioni offensive per risolvere la situazione 3 contro 3

## VARIANTE

## 3. Soluzioni offensive per risolvere la situazione 3 contro 3 vicino alla linea laterale (gioco a zone contro 1 attaccante)

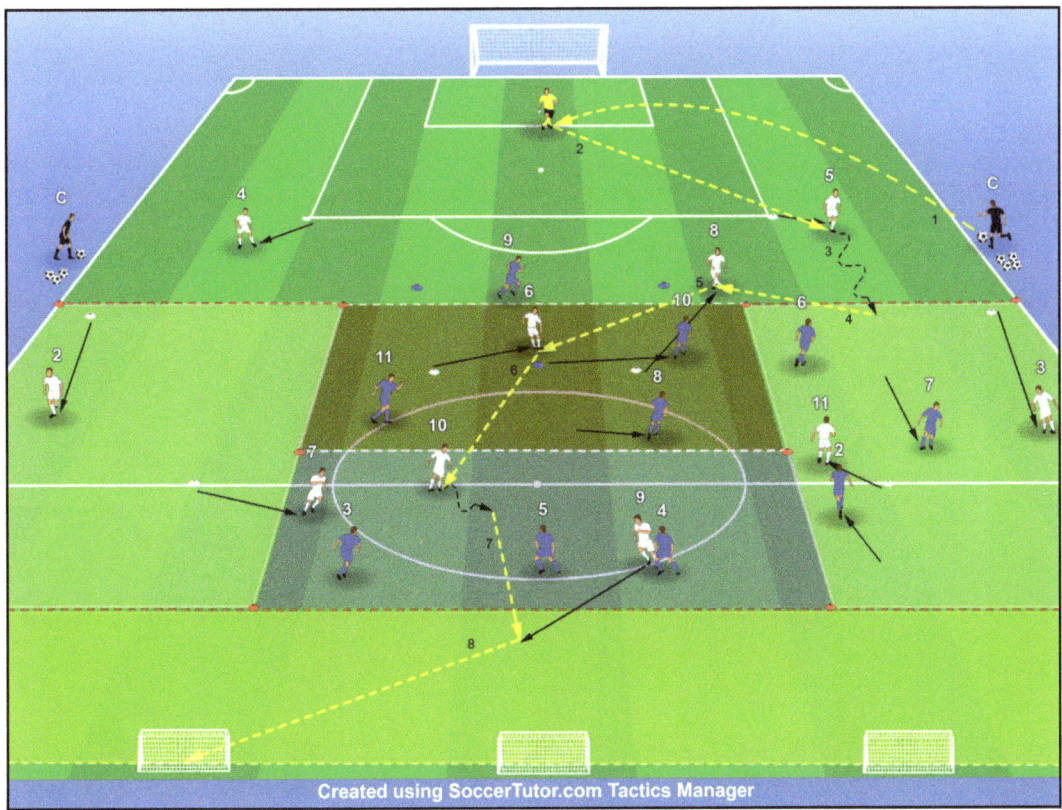

### Descrizione

In questa variante dell'esercitazione precedente, la situazione di gioco viene adattata ad un avversario che schiera 1 solo attaccante; gli obiettivi e le regole sono uguali. Il primo centrocampista centrale (6) non arretra dato che l'avversario ha solo 1 attaccante (2 contro 1). In questa situazione, ci sarà sempre un duello 3 contro 3 nella zona laterale, in cui entra il difensore centrale (Num. 5 in figura). Le soluzioni di gioco sono quelle analizzate nelle **pagine 94-95**:

- **Pagina 94:** il centrocampo compatto avversario crea spazio vicino alla linea laterale per poter cambiare il gioco (il Num.11 blu è posizionato internamente). Quando il Num.8 riceve dal Num.5, trasmette palla lunga per cambiare gioco verso il laterale basso (2) che ha molto spazio.

- **Pagina 95** *(come in figura):* giocata con palla filtrante quando il centrocampo avversario non è compatto (il Num.11 blu resta posizionato in ampiezza per impedire il cambio di gioco). Un attaccante, il Num.10 in figura, riceve, si gira e attacca.

### Attenzione a:

1. Il centrocampista deve compiere la scelta giusta, cambiare gioco oppure giocare palla filtrante, per creare una situazione favorevole.
2. Dopo aver ricevuto il cambio di gioco o il passaggio, la situazione di superiorità numerica va sfruttata velocemente sia al centro che in ampiezza.

Sessione per i principi tattici di BIELSA - Soluzioni offensive per risolvere la situazione 3 contro 3

## PROGRESSIONE

## 4. Soluzioni offensive per risolvere la situazione di 3 contro 3 vicino alla linea laterale (gioco a zone 11 contro 11)

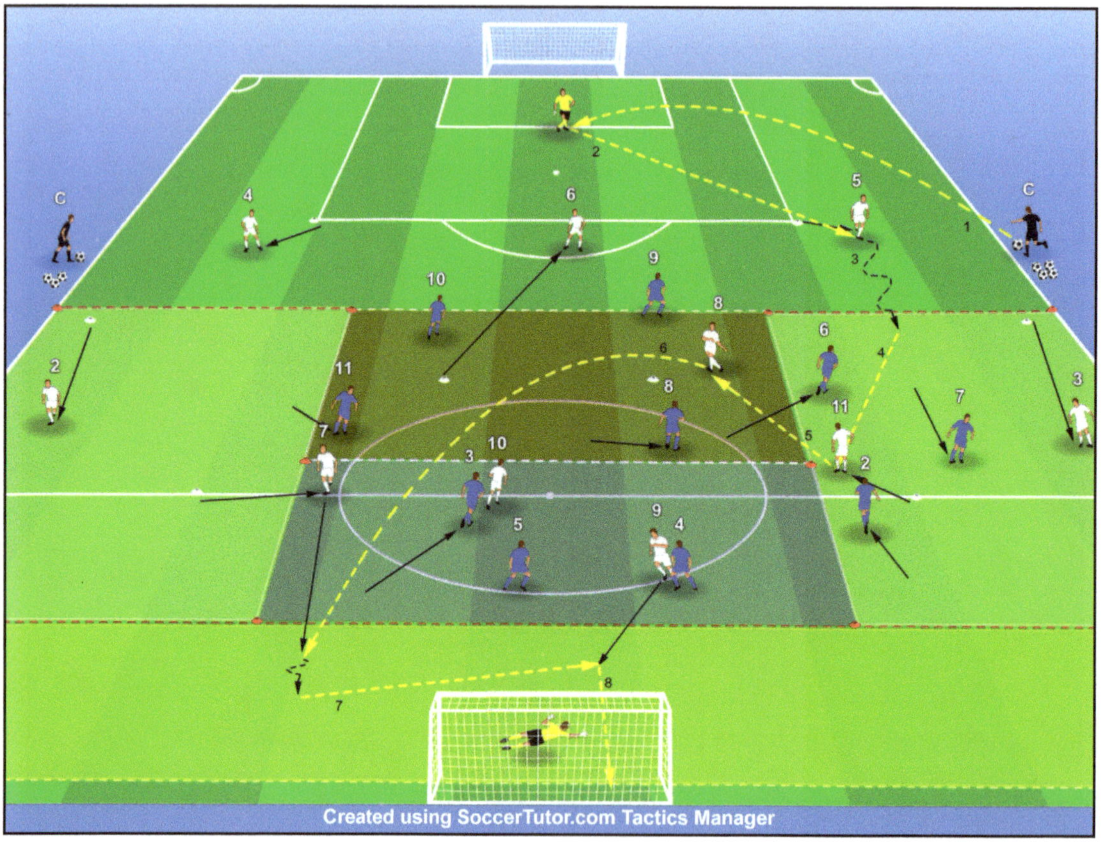

### Descrizione

Questa è una progressione delle precedenti esercitazioni con gli stessi obiettivi e le stesse regole. Si gioca una partita 11 contro 11 con porte regolari e portieri. La squadra bianca tenta di sfruttare la superiorità numerica nel primo terzo di campo per creare un duello 3 contro 2 in una delle zone laterali. Se la squadra blu riesce a contrastare, creando un duello 3 contro 3, i giocatori in maglia bianca devono risolvere la situazione attraverso le soluzione spiegate nella sezione di analisi tattica di questo capitolo e nelle 2 precedenti esercitazioni. Nell'esempio in figura, c'è un duello 3 contro 3 nella zona laterale e il Num 8 è, nuovamente, il giocatore smarcato. La palla viene giocata al Num.8 attraverso il Num.11, giocatore di collegamento; appena il Num.8 riceve, il Num.10 si muove verso la linea di passaggio per fornire un'opzione, seguito però dal suo marcatore, il Num.3 blu. In questo modo si crea spazio disponibile alle spalle del Num.3 blu, in cui il Num.7 bianco può muoversi in avanti. Il Num.8 gioca palla lunga nello spazio disponibile e il Num.7 riceve alle spalle dell'avversario e crossa per il compagno Num.9, che segna una rete. La squadra deve difendere, cercare il recupero del possesso e poi concludere entro 8"-10".

**Regole:** i giocatori blu non possono difendere nella zona di conclusione e gli attaccanti blu (9 e 10) devono rimanere nella loro zona in fase difensiva.

# CAPITOLO 6

# CREARE E SFRUTTARE LO SPAZIO IN UNA SITUAZIONE 4 CONTRO 3 (OPPURE 4 CONTRO 4) IN ZONA PALLA

# CREARE E SFRUTTARE LO SPAZIO IN UNA SITUAZIONE 4 CONTRO 3 (OPPURE 4 CONTRO 4) IN ZONA PALLA

Se la palla viene mossa verso il "giocatore libero" e non al "giocatore obiettivo", opzione difensiva del 3-4-3 di Bielsa per costruire gioco contro 2 attaccanti, la situazione deve essere ridefinita, affinché la squadra attaccante possa creare superiorità numerica in zona palla. Tutta questa parte è in relazione alla pagine 24-25 se si desidera fare riferimento.

**Sviluppare un duello 3 contro 3 in una situazione di gioco 4 contro 3, vicino alla linea laterale, grazie al movimento dell'attaccante (opzione difensiva nel 3-4-3 di Bielsa)**

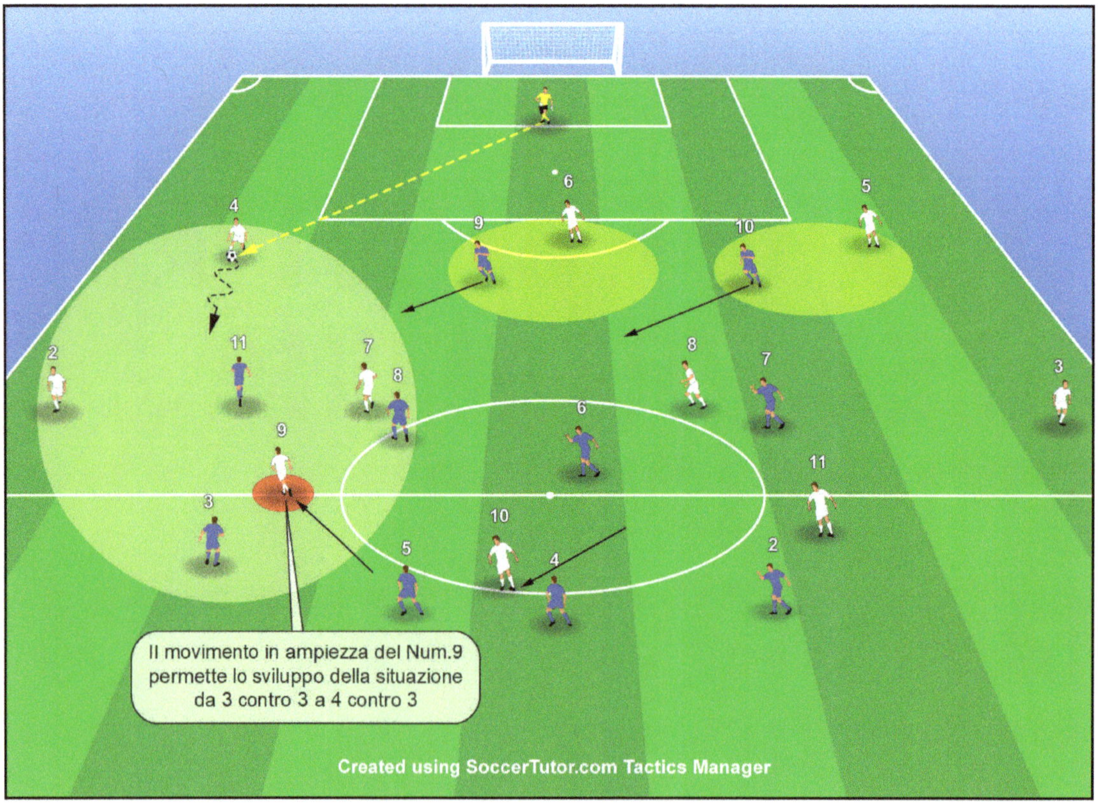

Il movimento in ampiezza del Num.9 permette lo sviluppo della situazione da 3 contro 3 a 4 contro 3

In questa situazione, il difensore centrale destro (4) riceve palla dal portiere in una situazione 3 contro 3. Per sviluppare la situazione dal 3 contro 3 al 3 contro 4 e creare superiorità numerica in zona palla, l'attaccante (9) si muove incontro e in diagonale, come mostrato in figura.

Con questo movimento dell'attaccante (9), se l'esterno alto avversario, il Num.11 blu, decide di chiudere l'uomo in possesso, il Num.4, la squadra bianca può proporre sul campo tutte le combinazioni descritte nel '*Capitolo 4: Creare e sfruttare situazioni 3 contro 2 vicino alla linea laterale*', mentre l'attaccante (9) agisce come centrocampista.

**CREARE E SFRUTTARE LO SPAZIO IN UNA SITUAZIONE 4 CONTRO 3 IN ZONA PALLA**

### CONSIDERAZIONI:

Se l'avversario in maglia blu vuole impedire la creazione del duello 3 contro 2 alle spalle dell'esterno alto (11), il centrocampista centrale (8) può cercare di chiudere il portatore di palla bianco, il Num.4.

La soluzione per la squadra bianca in questa situazione sarebbe diversa, avendo lo spazio per poter cambiare gioco o trasmettere una palla filtrante, secondo la compattezza del centrocampo della squadra in maglia blu, come già descritto nel precedente capitolo.

## Il difensore centrale avversario segue il movimento dell'attaccante che crea una situazione 4 contro 4 e il Num.10 può inserirsi alle sue spalle

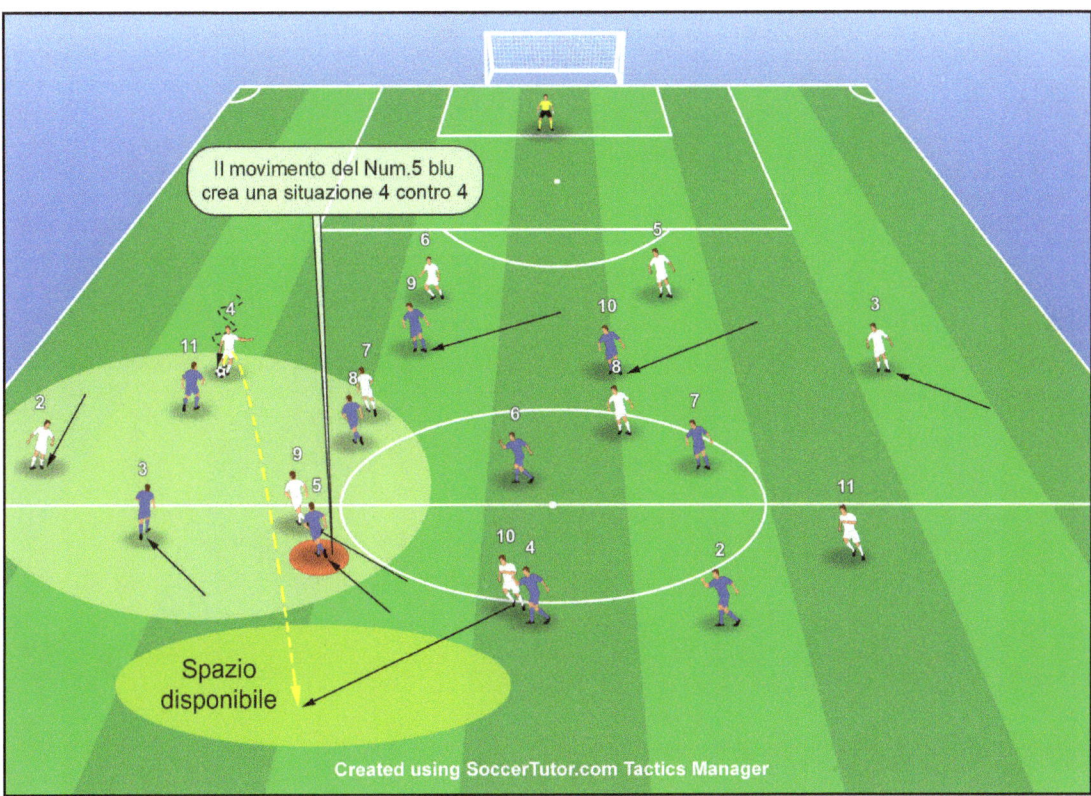

Se l'avversario cerca di impedire la creazione di superiorità numerica, come nell'esempio della pagina precedente, molto probabilmente sarà il difensore centrale (5) a seguire il movimento dell'attaccante (9) per marcarlo da vicino, creando quindi una situazione di parità numerica 4 contro 4 in zona palla, come mostrato in figura. Tuttavia, il movimento del Num.5 blu apre uno spazio al centro della difesa, che può quindi essere sfruttato, se il Num.10 si muove per ricevere palla lunga, precisa, dal compagno Num.4 in possesso.

Questa opzione può essere molto efficace se il Num.10 è un giocatore veloce, perché potrebbe potenzialmente essere già vicino alla porta avversaria o almeno creare una situazione 2 contro 2 in fase offensiva: Num.10 e Num.11 bianchi contro Num.4 e Num.2 blu.

# SESSIONE 8

## Dai principi tattici di Marcelo Bielsa

**Creare e sfruttare lo spazio in una situazione 4 contro 3 (oppure 4 contro 4) intorno alla palla**

Sessione per i principi tattici di BIELSA - Creare e sfruttare lo spazio in una situazione 4 contro 3

## SESSIONE DI ALLENAMENTO PER QUESTA SITUAZIONE TATTICA
## 1. Esercitazione tecnica per creare e sfruttare lo spazio alle spalle e tra le linee

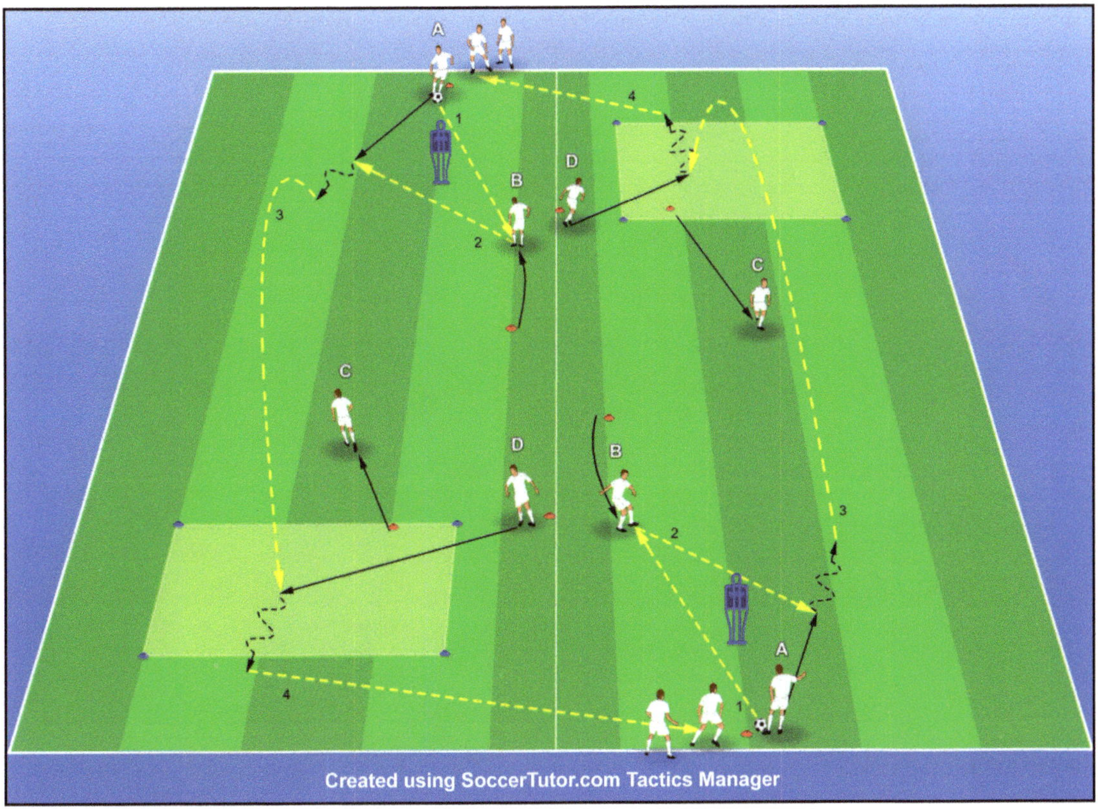

**Obiettivo:** allenare tecnicamente le giocate con palla lunga e i tempi di inserimento per la ricezione all'interno di uno spazio ristretto.

### Descrizione

All'interno di un'area di 40 x 60 m, agiscono 12 giocatori e vengono posizionate 2 sagome (o coni di grandi dimensioni) e 8 coni rossi che segnano le posizioni di partenza. Il campo è diviso a metà e vengono delimitate 2 piccole aree da 10 x 8 m alle estremità opposte, come in figura. L'esercitazione inizia simultaneamente con 2 palloni in entrambe le estremità; A combina 1-2 con B, che si muove incontro, superando la sagoma, che funge da difensore. Prima che A riceva il passaggio di ritorno, C si muove incontro per creare spazio alle proprie spalle e D inizia la sua corsa verso l'area di 10 x 8 m. A trasmette palla lunga per D, che deve ricevere all'interno dell'area e passare al compagno sul lato opposto.

L'esercitazione si svolge contemporaneamente dall'altra parte, con la stessa identica combinazione; quindi la palla viene mossa da un gruppo verso l'altro. Tutti i giocatori si muovono verso la posizione successiva (A -> B -> C -> D -> Lato opposto).

La direzione dell'esercitazione può essere invertita per allenare i giocatori anche sul lato sinistro. Le dimensioni dell'area di ricezione possono essere modificate, secondo età e livello dei giocatori.

Sessione per i principi tattici di BIELSA - Creare e sfruttare lo spazio in una situazione 4 contro 3

## PROGRESSIONE

## 2. Esercitazione a zone per creare e sfruttare spazi in una situazione 4 contro 3 oppure 4 contro 4

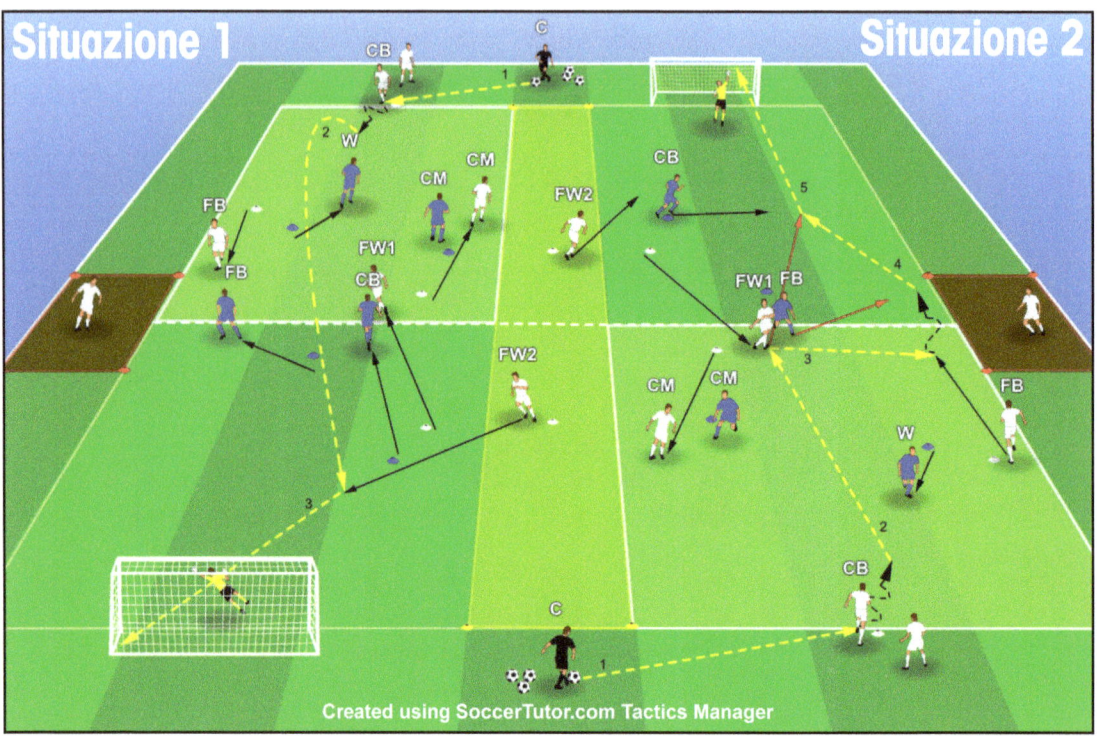

### Descrizione

In un'area di 55 x 60 m, lo spazio viene diviso in 6 zone. Le 4 zone più grandi misurano 25 x 30 m, mentre le 2 zone nel mezzo misurano 5 x 30 m, 2 piccole aree rosse vengono delimitate su entrambi i lati e vengono utilizzare solo per cambiare gioco verso il lato debole; le dimensioni dipendono dal livello dei giocatori. 2 porte regolari, con i portieri, sono posizionate in modo opposto e in diagonale. I giocatori bianchi e i giocatori blu iniziano sui coni del loro stesso colore. Su entrambi i lati, nella prima metà, la squadra bianca schiera 1 difensore centrale (CB), 1 laterale basso (FB) e 1 centrocampista centrale (CM). Nella metà offensiva agisce 1 attaccante (FW1) e il secondo attaccante (FW2) gioca nella zona centrale, come in figura. La squadra blu schiera 1 esterno alto (W) e 1 centrocampista centrale (CM) nella prima metà, 1 laterale basso (FB) e 1 difensore centrale (CB) nell'altra metà. L'esercitazione si svolge contemporaneamente su entrambi i lati e inizia quando l'allenatore passa palla al difensore centrale bianco. La squadra bianca sperimenta diverse soluzioni, adattando le scelte alla situazione:

- **Situazione 1 (lato sinistro):** entrambi i difensori blu si muovono per contrastare il primo attaccante e il laterale basso bianchi, creando una situazione 4 contro 4. La squadra bianca non ha giocatori smarcati per muovere palla all'interno di questa metà, ma il movimento del difensore centrale blu crea spazio alle spalle per il secondo attaccante, che viene servito con palla alta e può ricevere e segnare.

- **Situazione 2 (lato destro):** l'esterno alto blu chiude il portatore di palla, quindi il primo attaccante ripiega indietro per creare superiorità numerica 4 contro 3. La squadra bianca sfrutta questa situazione per spostare la palla verso un giocatore libero, il laterale basso. Un duello 3 contro 2 (oppure 2 contro 1) viene creato a vantaggio della squadra in possesso nella metà campo offensiva, per poter provare a segnare una rete con l'aiuto del secondo attaccante.

**Sessione per i principi tattici di BIELSA - Creare e sfruttare lo spazio in una situazione 4 contro 3**

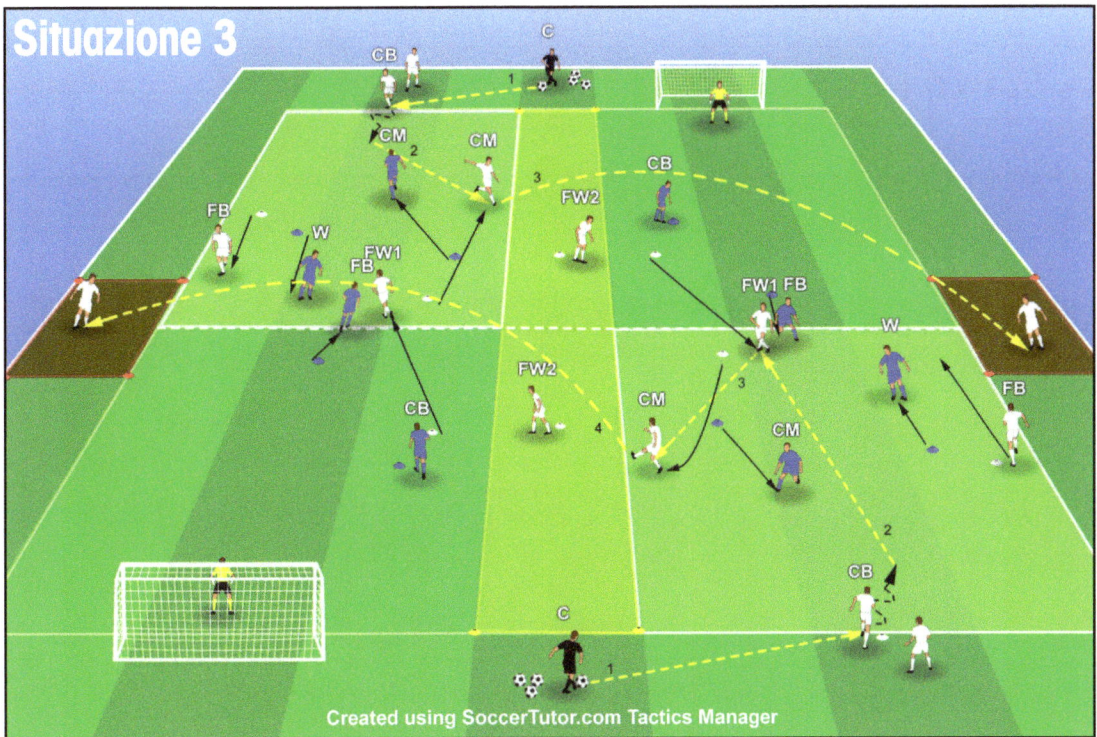

- **Situazione 3 (lato sinistro e destro):** in questa situazione, l'esterno alto blu (W) non chiude il difensore centrale bianco (CB), mantenendo un posizione in ampiezza più equilibrata per marcare il laterale basso (FB). Inoltre, il difensore centrale blu (CB), nella metà campo opposta, mantiene la posizione per marcare il secondo attaccante in maglia bianca. Il giocatore bianco libero è ora il centrocampista centrale (CM), che ha spazio per ricevere e per cambiare lato di gioco verso il laterale basso sul lato debole, cioè il giocatore all'interno della piccola zona laterale rossa.

L'allenatore può chiedere ai giocatori di ruotare o mantenere le stesse posizioni; gli attaccanti possono continuare a scambiarsi la posizione.

La direzione dell'esercitazione può essere invertita per allenare i giocatori nello svolgimento sul lato sinistro.

### Indicazioni:
1. Un giocatore bianco può passare dalla metà difensiva a quella offensiva in aiuto ai 2 attaccanti.
2. Per la squadra blu, solo il difensore centrale e il laterale basso possono muoversi liberamente tra le 2 metà.
3. I giocatori all'interno delle piccole zone laterali rosse scambiano regolarmente la posizione con altri giocatori esterni.

### Attenzione a:
1. È importante per il difensore in possesso (CB) leggere la situazione di gioco e compiere la scelta giusta in base ai movimenti degli avversari (sfruttare il 4 contro 3 o trovare una soluzione nel duello 4 contro 4).
2. I movimenti dell'avversario sono la chiave per la decisione da prendere per il difensore.

Sessione per i principi tattici di BIELSA - Creare e sfruttare lo spazio in una situazione 4 contro 3

## PROGRESSIONE

## 3. Gioco a zone per creare e sfruttare spazi in una situazione 4 contro 3 oppure 4 contro 4 vicino alla linea laterale

### Descrizione

All'interno di uno spazio uguale a 2/3 di un campo regolare, vengono delimitate 3 zone, come mostrato in figura, si utilizza la porta regolare con il portiere e vengono aggiunte 3 porticine all'estremità opposta.

L'esercitazione inizia sempre quando l'allenatore gioca palla lunga verso il portiere e i giocatori si scaglionano per costruire gioco contro 2 attaccanti; il 3-4-3 di Bielsa nell'esempio. I 2 difensori centrali (4 e 5) si muovono in ampiezza per ricevere, il centrocampista centrale (6) arretra per creare una linea a 3 giocatori e i laterali bassi (2 e 3) si portano verso posizioni avanzate.

Quando il portiere gioca palla ad uno dei difensori centrali, il Num.4 in figura, il ricevente si sposta verso la zona delimitata dello stesso lato, come mostrato in figura. Le scelte della squadra bianca dipendono dai movimenti della squadra blu:

1. L'esterno alto blu (11) chiude il portatore di palla e i giocatori bianchi sono in superiorità numerica 4 contro 3. La squadra bianca sfrutta questa situazione per spostare palla verso il giocatore libero, il Num.2, tramite il 'giocatore di collegamento' Num.10. Il laterale basso (2) può quindi condurre palla al di là della linea rossa nella zona di conclusione e segnare, come mostrato in figura.

**Sessione per i principi tattici di** BIELSA - Creare e sfruttare lo spazio in una situazione 4 contro 3

2. Il difensore centrale blu (5) si muove in avanti per marcare il Num.10, creando una situazione 4 contro 4 e anche spazio per una giocata lunga verso l'attaccante bianco (9), che si muove alle spalle della linea difensiva avversaria, riceve nella zona di conclusione e segna una rete.
3. Il centrocampista centrale blu (8) chiude il portatore di palla, così l'esterno alto (11) può portare pressione al laterale basso bianco (2). In questo modo il Num.7 bianco è libero di ricevere nello spazio e cambiare gioco verso il lato debole, dove agisce il laterale basso bianco(3).

L'obiettivo per la squadra bianca, in questa esercitazione è compiere le giuste giocate, per poi concludere con uno dei seguenti modi:
1. Condurre palla oltre la linea di meta rossa.
2. Giocare palla verso un attaccante, che deve ricevere all'interno dell'area di conclusione da 25 m x l'intera ampiezza del campo, senza essere in fuorigioco.

Le differenti opzioni e combinazioni sono spiegate nella precedente esercitazione e vengono applicate nuovamente a questa.

L'obiettivo della squadra blu è difendere e conquistare il possesso all'interno di una delle zone laterali. Se riesce, i giocatori possono contrattaccare con l'obiettivo di condurre palla attraverso la linea di meta rossa o ricevere un passaggio oltre di essa, prima di concludere in porta entro 8"-10".

### Regole:
1. Solo l'esterno alto, il Num.11 in figura, il laterale basso (3), il centrocampista centrale (8) e il difensore centrale (5) sul lato di gioco possono entrare nella zona laterale. Nella parte opposta del campo, quindi solo il Num.7, Num.2, Num.6 e Num.4 blu.
2. I giocatori blu non possono difendere oltre la linea rossa della zona di conclusione.

### Attenzione a:
1. È importante che il difensore in possesso legga la situazione di gioco per compiere la scelta giusta, secondo i movimenti degli avversari, per sfruttare la situazione di 4 contro 3, oppure per trovare una soluzione al duello 4 contro 4.
2. I movimenti dell'avversario sono la chiave per la scelta del difensore.

Sessione per i principi tattici di BIELSA - Creare e sfruttare lo spazio in una situazione 4 contro 3

## PROGRESSIONE

### 4. Partita 11 contro 11 per creare e sfruttare spazi, in una situazione 4 contro 3 oppure 4 contro 4, vicino alla linea laterale

### Descrizione

Questa è una progressione dell'esercitazione precedente, in cui si sviluppa una partita 11 contro 11.

Obiettivi e regole sono uguali, eccetto per la squadra bianca, che deve ora segnare in una porta regolare difesa dal portiere; questo richiede ai giocatori combinazioni di gioco e cross da posizioni in ampiezza, come mostrato in figura.

Le diverse opzioni e combinazioni sono completamente spiegate nelle precedenti esercitazioni e vengono nuovamente applicate qui.

Nell'esempio in figura, il Num.7 diventa il giocatore libero, mentre la squadra bianca crea superiorità numerica 4 contro 3 nella zona laterale, consentendo al Num.7 di cambiare gioco attraverso una palla lunga, verso il laterale basso sinistro (3), che ha spazio disponibile per ricevere e condurre in avanti.

# CAPITOLO 7

## LA COSTRUZIONE DEL GIOCO CONTRO IL PRESSING ULTRA-OFFENSIVO

# LA COSTRUZIONE DEL GIOCO CONTRO IL PRESSING ULTRA-OFFENSIVO

### Scaglionamento secondo l'opzione difensiva del 3-4-3 di Bielsa, contro il pressing ultra-offensivo di 2 attaccanti

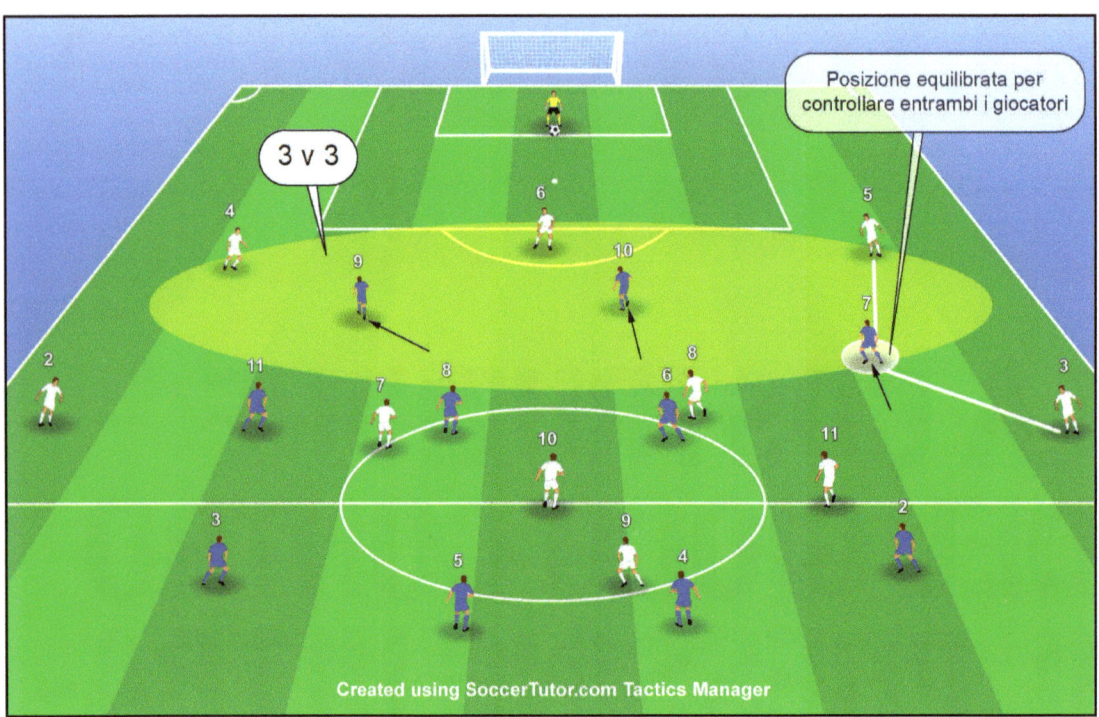

Se l'avversario impiega 2 attaccanti, ad esempio attraverso il 4-4-2, e porta pressione ultra-offensiva per costringere la squadra in possesso a lanciare lungo, uno degli esterni alti, il Num.7 in figura, si muove in avanti in una posizione di equilibrio, per controllare sia il laterale basso (3) ) sia il difensore centrale (5) sulla propria fascia. Contemporaneamente, gli attaccanti (9 e 10) riducono gli spazi dal Num.4 e dal Num.6, in quanto potenziali riceventi di un passaggio corto dal portiere. L'esterno alto blu sulla destra (7) può portare pressione immediata sul Num.5, se il passaggio è diretto dal portiere e può anche chiudere il laterale basso sinistro, il Num.3, sfruttando la fase di trasmissione palla, se il portiere cerca di servirlo. L'avversario mantiene il proprio equilibrio, quindi deve essere trovata una soluzione per la fase di costruzione.

### CONSIDERAZIONI:

Quando la squadra si trova sotto la pressione ultra-offensiva conviene giocare con l'opzione più difensiva del 3-4-3 di Bielsa, piuttosto che con il 3-3-3-1 offensivo, per poter posizionare 2 centrocampisti centrali, 7 e 8 in figura, che possono agire come "giocatori di collegamento" e rendere più facile muovere palla verso i laterali bassi smarcati (2 e 3).

# LA COSTRUZIONE DEL GIOCO CONTRO IL PRESSING ULTRA-OFFENSIVO

## L'esterno alto avversario chiude la linea di passaggio verso il laterale basso

Appena la palla viene giocata dal portiere verso il Num.5, l'esterno alto blu avversario (7) si muove per portare pressione su di lui e impedire, così, un passaggio diretto verso il laterale basso sinistro, il Num.3.

Anche se non riesce a ricevere palla, è comunque libero da marcatura.

## Il laterale basso smarcato riceve palla attraverso un 'giocatore di collegamento'

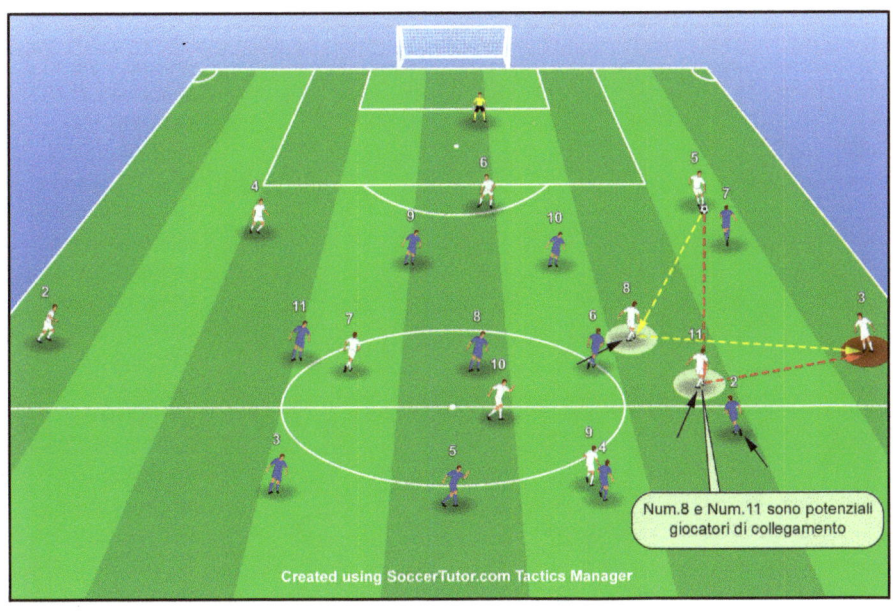

La soluzione per superare la pressione avversaria è muovere palla attraverso un 'giocatore di collegamento' verso il laterale basso libero Num.3. Il centrocampista centrale (8) e il Num.11 sono in posizione adatta per agire come "giocatori di collegamento". Possono entrambi spostarsi verso la linea di passaggio per ricevere e trasmettere verso il Num.3, come mostrato in figura.

# LA COSTRUZIONE DEL GIOCO CONTRO IL PRESSING ULTRA-OFFENSIVO

## Il 'giocatore di collegamento' è marcato e la linea di passaggio è troppo stretta

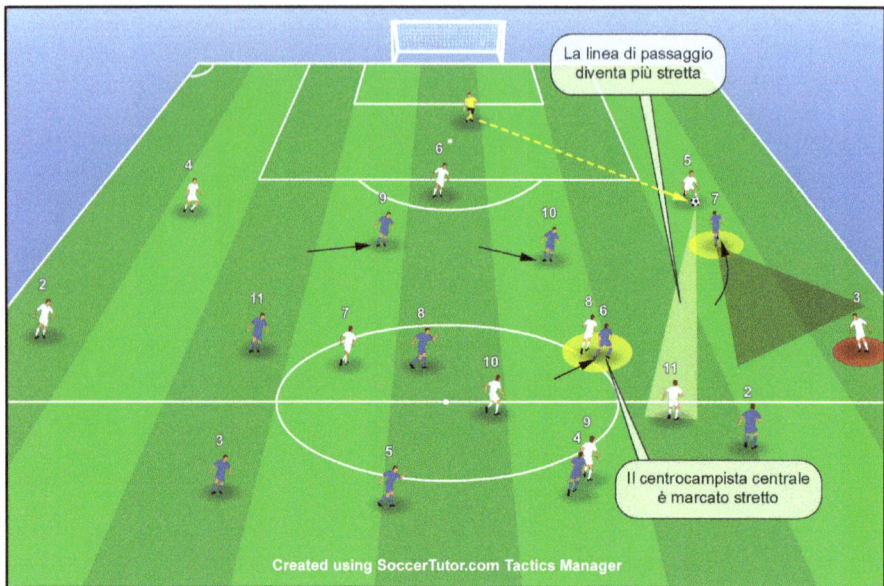

Se il centrocampista centrale avversario, il Num.6 blu, riesce a muoversi in tempo per marcare il Num.8 bianco, e la linea di passaggio diventa troppo stretta, è rischioso muovere palla attraverso i 2 'giocatori di collegamento' verso il laterale basso libero (3). La soluzione è mostrata nella figura di seguito.

## Superare la pressione giocando indietro al portiere e poi una palla lunga verso il laterale basso

La palla viene giocata indietro al portiere, che trasmette sul lungo verso il laterale basso (3). La palla ricevuta in una zona in cui è possibile sfruttare una situazione 2 contro 1. Se il laterale basso destro avversario (2) non riesce nell'intercetto del passaggio lungo, ci sono buone possibilità di ricezione alle spalle, per l'esterno alto sinistro (11).

**LA COSTRUZIONE DEL GIOCO CONTRO IL PRESSING ULTRA-OFFENSIVO**

## Scaglionamento secondo l'opzione difensiva del 3-4-3 di Bielsa, contro il pressing ultra-offensivo di 1 attaccante

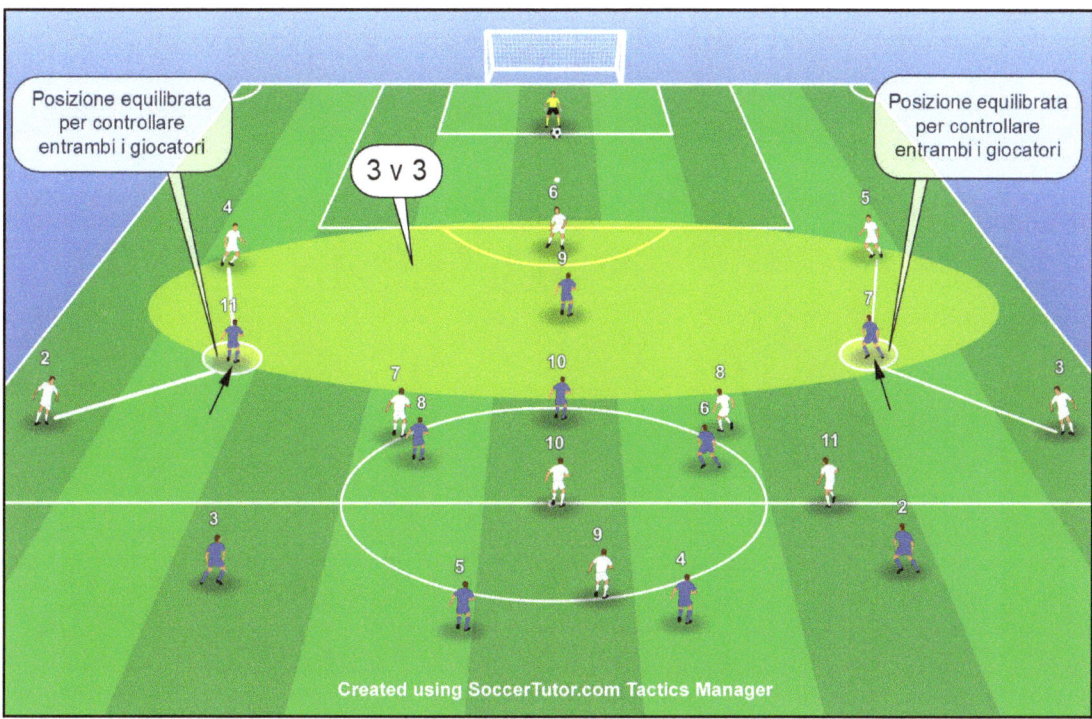

Se l'avversario schiera 1 attaccante, per esempio con il 4-2-3-1, e porta pressione ultra-offensiva per costringere la squadra in possesso, quella bianca, a giocare palle lunghe, entrambi gli esterni alti blu (7 e 11) si muovono in una posizione equilibrata, per controllare contemporaneamente i difensori centrali (4) & 5) e i laterali bassi (2 e 3).

Gli esterni alti in maglia blu (7 e 11) possono portare pressione immediata sul Num.4 o sul Num.5, se il passaggio è diretto dal portiere verso di loro e possono chiudere i laterali bassi Num.2 o Num.3, approfittando della fase di trasmissione della palla, se il portiere indirizza una giocata lunga verso di loro. L'avversario mantiene il proprio equilibrio e la squadra in possesso deve trovare una soluzione per poter costruire gioco.

L'attaccante blu (9) controlla il Num.6 della squadra in possesso e si crea una situazione 3 contro 3 nel primo terzo di campo.

**CONSIDERAZIONI:**

Le scelte tattiche descritte nelle pagine 113-114 possono essere soluzioni adatte per giocare contro avversari che schierano 1 attaccante, ma l'utilizzo dei 'giocatori di collegamento' diventa più difficile, in quanto l'avversario può contare su un centrocampista in più, obbligando un giocatore tra il Num.7 e il Num.8 della squadra in possesso, a venire incontro per ricevere palla.

# SESSIONE 9

## Dai principi tattici di Marcelo Bielsa

## La costruzione del gioco contro il pressing ultra-offensivo

Sessione per i principi tattici di BIELSA - La costruzione del gioco contro il pressing ultra-offensivo

# SESSIONE DI ALLENAMENTO PER QUESTA SITUAZIONE TATTICA
## 1. Combinazioni di gioco rapide per superare il pressing ultra-offensivo e ricevere alle spalle del difendente

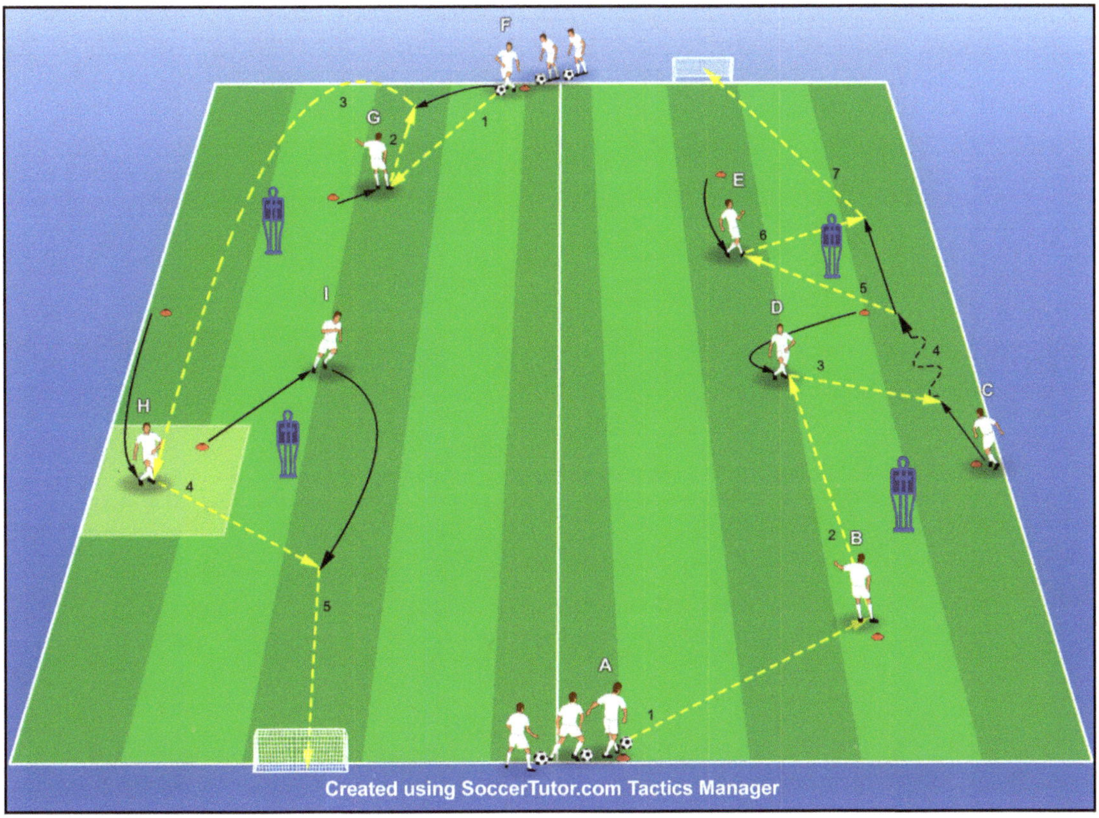

**Descrizione**

Un'area di 30 x 50 m, viene divisa a metà e l'esercitazione si svolge su entrambi i lati simultaneamente. 2 sagome e 1 porticina sono posizionate su ogni lato, come in figura. Il lato sinistro vede delimitata anche un'area per la ricezione del giocatore H (la dimensione dipende da età e livello dei giocatori).

**Lato destro**: A passa a B e quando B riceve, D arretra verso una linea di passaggio disponibile e C avanza. La palla è diretta a C attraverso D, che agisce come "giocatore di collegamento". C riceve, conduce in avanti e combina 1-2 con E, prima di concludere nella porticina. Tutti i giocatori avanzano di una posizione per continuare la sequenza (A -> B -> C -> D -> E -> F).

**Lato sinistro**: F combina 1-2 con G, I arretra verso una linea di passaggio disponibile e H avanza. F gioca un passaggio lungo per la ricezione di H sulla corsa e all'interno dell'area delimitata, mentre I si muove alle spalle della sagoma per agire come opzione di passaggio. H trasmette palla a I, che conclude nella porticina. Tra parentesi i cambi di posizione per continuare la sequenza (F -> G -> H -> I -> A).

**Attenzione a:**
1. I giocatori devono combinare velocemente, con movimenti sincronizzati e trasmissioni palla precise.
2. Lo scopo dell'esercitazione è spostare palla verso C e H alle spalle della sagoma, che funge da difensore.

Sessione per i principi tattici di BIELSA - La costruzione del gioco contro il pressing ultra-offensivo

## PROGRESSIONE

### 2. Gioco 8 (+portiere) contro 8 per il superamento del pressing ultra-offensivo su un lato del campo

**Situazione 1**

### Descrizione

All'interno di 2/3 di un campo regolare, vengono delimitate una zona bianca e una zona gialla, come mostrato in figura. La squadra bianca schiera 1 portiere a difesa di una porta regolare e la squadra blu difende 2 porticine. Tutti i giocatori hanno le posizioni di partenza segnate dai coni; solo i giocatori sul lato forte, prendono parte all'esercitazione. L'esercitazione inizia con una palla lunga dell'allenatore verso il portiere; appena riceve, i giocatori si scaglionano per costruire gioco contro 2 attaccanti. Uno dei centrocampisti centrali (6) arretra per creare una linea a 3 giocatori, i difensori centrali (4 e 5) si aprono per ricevere e i laterali bassi si portano in avanti. Gli attaccanti blu si muovono per chiudere due dei tre giocatori nel primo terzo di campo; uno degli esterni alti blu, il Num.11 in figura, segue il laterale basso bianco (2), mentre l'opposto (7) si posiziona per dare equilibrio e poter controllare sia il difensore centrale (5) sia il laterale basso bianchi (3) . Non appena il portiere trasmette palla verso un difensore centrale libero, il Num. 5 in figura, l'esterno alto blu (7) entra nella zona bianca per creare una situazione 3 contro 3 e conquistare il possesso. La squadra bianca prova a superare la pressione e sposta palla verso il laterale basso, libero da marcatura (3). L'obiettivo diventa ricevere all'interno della zona gialla e concludere.

**Situazione 1:** c'è una linea di passaggio disponibile per il Num.11 bianco che agisce come giocatore di collegamento per giocare palla al Num.3.

Sessione per i principi tattici di BIELSA - La costruzione del gioco contro il pressing ultra-offensivo

**Situazione 2:** in questo secondo esempio (figura 2b), nessuna linea di passaggio è disponibile per il Num.11 bianco. Il difensore centrale bianco (5) è sotto pressione e passa indietro al portiere, che gioca palla lungo verso il laterale basso (3) che, in questo caso, è il giocatore libero e può quindi ricevere nello spazio. La squadra in maglia bianca crea una situazione 2 contro 1 con buone possibilità di segnare una rete.

I giocatori bianchi possono sia condurre palla nella zona gialla o ricevere un passaggio al suo interno. Nell'esempio in figura, questa situazione 2 contro 1 viene sfruttata con il Num.3, giocando palla tra le linee per il Num.11 sulla corsa, che può così ricevere all'interno della zona gialla e concludere.

Se gli azzurri conquistano il possesso, cercano di contrattaccare e concludere entro 8"-10".

### Regole:
1. Solo i giocatori che si trovano sul lato forte, dopo il passaggio del portiere, prendono parte all'esercitazione. A turno, si gioca su entrambi i lati.
2. I giocatori blu non possono mai entrare nella zona gialla.

### Attenzione a:
1. I giocatori devono leggere la situazione di gioco e compiere la scelta migliore, attraverso combinazioni veloci e movimenti sincronizzati.
2. La lettura del posizionamento del centrocampista centrale blu, Num.8 in figura, che può chiudere la linea di passaggio al 'giocatore di collegamento' è la chiave per la riuscita dell'esercitazione. Se è posizionato centralmente, la palla può essere giocata all'esterno alto bianco (*figura 2a*); ma se si muove, la palla deve essere giocata al portiere (*figura 2b*).

Sessione per i principi tattici di BIELSA - La costruzione del gioco contro il pressing ultra-offensivo

## PROGRESSIONE

### 3. Gioco a zone 11 contro 11 per il superamento del pressing ultra-offensivo

**Obiettivo:** allenare la costruzione di gioco contro avversari in pressione ultra-offensiva e, nello specifico, allenare la circolazione della palla verso il laterale basso alle spalle dell'avversario.

### Descrizione

Questa esercitazione è una progressione della precedente, all'interno della stessa area, con le stesse regole, a parte il campo non più diviso a metà e con tutti i giocatori che prendono parte alla sequenza. Le due squadre giocano una partita 11 contro 11.

L'esercitazione inizia con un passaggio lungo dell'allenatore al portiere; non appena quest'ultimo riceve palla, i giocatori si scaglionano in campo per costruire contro 2 attaccanti. Uno dei centrocampisti centrali (6) arretra per creare una linea a 3, i difensori centrali (4 e 5) si aprono in ampiezza per ricevere e i laterali bassi (2 e 3) avanzano.

Gli attaccanti blu (9 e 10) si spostano per controllare due dei tre giocatori nel primo terzo di campo. Uno degli esterni alti blu, il Num.11 in figura, segue il laterale basso in maglia bianca (2), mentre l'altro (7) si posiziona con equilibrio per poter controllare sia il difensore centrale (5), sia il laterale basso (3) bianchi.

Non appena il portiere gioca palla al difensore centrale (Num.5), l'esterno alto blu (7) entra nella zona bianca per

**Sessione per i principi tattici di BIELSA** - La costruzione del gioco contro il pressing ultra-

creare una situazione 3 contro 3 e conquistare il possesso. La squadra bianca prova a superare la pressione ultra-offensiva, giocando palla al laterale basso smarcato (3), sia attraverso un 'giocatore di collegamento', sia con palla lunga (vedi l'esercitazione precedente per entrambe le opzioni).

L'obiettivo è ricevere all'interno della zona gialla e concludere. I giocatori bianchi possono sia condurre palla all'interno della zona gialla, sia ricevere un passaggio al suo interno. Nell'esempio in figura, la squadra bianca sfrutta una situazione 2 contro 1, dopo che il laterale basso sinistro (3) riceve palla lunga dal portiere. Il Num.3 gioca palla dietro alla linea avversaria per il Num.11, che si muove in avanti per ricevere all'interno della zona gialla.

La squadra bianca, una volta nella zona gialla, deve concludere e segnare una rete, dopo una combinazione di trasmissioni palla e cross, come mostrato in figura.

Se i blu conquistano il possesso, cercano di segnare entro 8"-10".

### Attenzione a:

1. I giocatori devono leggere la situazione tattica e compiere la scelta giusta, attraverso combinazioni veloci e movimenti sincronizzati.
2. La lettura del posizionamento del centrocampista centrale blu, il Num.8 in figura, che può chiudere le linee di passaggio al 'giocatore di collegamento', è la chiave per il successo di questa esercitazione. Se è posizionato centralmente, la palla può essere giocata all'esterno alto bianco (figura 2a); ma se si muove, la palla deve essere giocata al portiere (figura 2b).

# PROVA GRATUITA

Specialisti di calcio dal 2001

# TACTICS MANAGER
Disponibile in Italiano

 www.SoccerTutor.com/TacticsManager
info@soccertutor.com

 PC   Mac   soon!   soon!   soon!

- Il libro include 160 esercitazioni da 34 situazioni tattiche
- Si è aggiudicato il premio Ghirelli, istituito dalla FIGC
- Disponibile su **Allenatore.net**

www.ingramcontent.com/pod-product-compliance
Lightning Source LLC
Chambersburg PA
CBHW061210230426
43665CB00028B/2965